U0881334

国家自然科学基金项目（70840012）
重庆市哲学社会科学规划重大课题公开招标项目（2010CQZDZ14）

城市吸纳农民工容量及其演变规律研究

王崇举　张永鹏　等/著

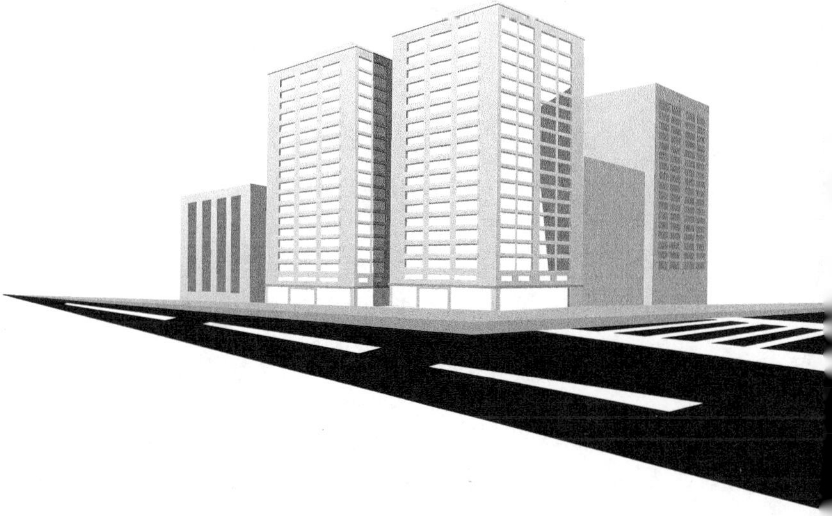

科学出版社
北　京

图书在版编目（CIP）数据

城市吸纳农民工容量及其演变规律研究/王崇举等著. —北京：科学出版社，2013.3

ISBN 978-7-03-037066-2

Ⅰ. ①城… Ⅱ. ①王… Ⅲ. ①民工-城市化-研究-中国 Ⅳ. ①D422.64

中国版本图书馆 CIP 数据核字（2013）第 047117 号

责任编辑：杨婵娟 程 凤 / 责任校对：郭瑞芝
责任印制：徐晓晨/ 封面设计：铭轩堂
编辑部电话：010-64035853
E-mail：houjunlin@mail.sciencep.com

科学出版社出版
北京东黄城根北街 16 号
邮政编码：100717
http://www.sciencep.com

北京厚诚则铭印刷科技有限公司 印刷

科学出版社发行 各地新华书店经销

*

2013 年 4 月第 一 版 开本：B5（720×1000）
2025 年 2 月第六次印刷 印张：11 1/2
字数：178 000

定价：108.00元

（如有印装质量问题，我社负责调换）

目录 Contents

第一章 导 论

中国的改革开放是从农村的集体土地集体经营转变为家庭联产承包经营开始的，这项改革的伟大意义在于极大地提高了农村地区的劳动生产率，从而也解放了农村生产力。几乎与此同时，城市的改革开放从沿海地区开始，城市生产关系的调整与引进外资、技术，开展“两头在外、大进大出”的出口加工战略所导致的城市对劳动力的大量需求开始出现，并且伴随着农村劳动力的大量闲置。于是，农村剩余劳动力向城市的流动一开始就非常迅猛。此后的 30 多年，我国的工业化和城市化进程不仅从未停歇，而且一直不断地在地域上延伸、在模式上扩张、在规模上扩大，致使农村剩余劳动力向城市的转移在 30 多年里超过了 2.5 亿人，成为举世瞩目的史上最大规模的人口流动。

一、农民工向城市转移的规律

大规模的农村剩余劳动力转移最先是从谋求生计开始的。在中国改革开放初期，虽然中国城乡居民的收入和生活水平都处在较低的水平，但城乡居民间的收入差距较大（表 1-1）。那时，刚刚从土地集体劳动中解放出来的农村剩余劳动力，期盼的就是一份有现金收入的工作。与农村的原始耕作劳动相近的重

表 1-1 全国城镇居民人均可支配收入与农村居民人均纯收入对照表

（单位：元）

项目	1980 年	1990 年	2000 年	2010 年
城镇居民人均可支配收入	439	1 510	6 279	19 109
农村居民人均纯收入	191	686	2 253	5 919

资料来源：国家统计局网站年鉴数据，其中 2010 年数据来源于《中华人民共和国 2010 年国民经济和社会发展统计公报》

活、苦活、脏活，如建筑工地挖地基、市政卫生、家政服务等劳动，城里人不

太愿意干，自然就成了他们的首选。闻名全国的“重庆棒棒军”也诞生在那个年代。随着改革开放的深入，城乡居民的收入都呈数十倍的增长并发生质的变化，但差距却越拉越大（表 1-1）。在收入差距扩大的同时，沿海地区实施的“两头在外、大进大出”的一般商品加工出口战略，如服装、鞋帽、箱包、玩具等劳动密集型产业、低附加值产品得以大量出口，让“中国制造”在短短的 10 多年里风靡全球，农民工对此做出了重要的贡献。这个时期，农村剩余劳动力外出到城镇务工，在地域上是不均衡的，主要集中在东部地区大中城市和交通要道附近。而且，外出务工的农村居民对工资收入，以及工资收入外的其他生活待遇、社会保障条件的期望值都低，他们的实际收入也低。当时业主也不太可能给他们提供较好的膳食和住宿等生活条件，他们也就不能携家带口进入城市，即使夫妻同时进一个企业打工，也不太可能有过家庭生活的环境。至于城市的管理者就更没有考虑对这些农民工有所付出了，甚至为了解决城市的失业问题，对农村居民进入城市务工进行了各种政策上的限制。例如，蔡昉（2000）就讲到当北京市就业形势严峻时，城市管理者就对外来劳动力的数量和允许从事的工种进行控制，一个外地来京的打工者，必须持有 5～6 种证明和证件，才有资格在北京市临时就业，这种情况在中国许多城市都持续了相当长的时期。

随着素质较高的新生代农民工进城工作，情况开始发生变化。一方面，新生代农民工与第一代农民工相比，在政治参与观念、法律及社会保障意识、从业观念、融入城市的意识、消费观、婚姻观这 6 个方面融入了更多的现代元素并开始追求个人的成功与价值（任娜，2009）。新生代农民工对民生方面的需求越来越强烈，如社会保障、技能培训、家庭住房、子女教育、同工同酬、人际交往等。他们不再愿意接受其父辈“低廉劳动力”的命运，议价能力和意识也都在不断提高。我们曾对城市里的农民工进行问卷调研，发现随父兄进城、成年后务工、在农村没有资产和家眷牵挂的所谓“新生代农民工”对城市工作和生活条件，以及待遇的预期值是很不一样的。一般来说，刚刚离开土地来到城市的、来自比较贫穷地区的、年长一些的农民工对自己工种的选择、劳动报酬的期望、社会保障和其他社会福利的要求，以及得到城市居民尊重的愿景会低一些。相反，在城市工作年限长一些、来自相对富裕一点地区的新生代农民工，则对工种、工资、社会保障、社会福利和社会公共服务的要求高一些。这里既存在不同的农民工群体离开乡土来到城市，他们的机会成本确有不同的问题，也存在农民工作为城市里新兴的劳动阶层，他们的需求层次与时俱进、不断进化的问题；另外，随着我国经济持续快速增长，改革开放的领域和地域范围持续扩大，城市化和工业化的进程不断加快，城市对农民工的需求数量在急速增加，导致近年在一些城市、一些行业出现了“用工荒”，破坏了城市和谐的发展环境，阻碍了城市竞争力的提升。在这种状况下，如何保障进城农民工的尊严与民生问题，持续改善农民工的生活和工作质量，带动城市、乡村的可持续发展，促进社会和谐，日益成为政府、学者和所有城乡居民高度关注的热点问题。

二、农民工向城市转移过程中面临的问题

1. 城市管理者没有做好思想和观念上的准备

从城市的角度看，农民工是城市建设的一支生力军。由于这些劳动者吃苦耐劳，城市有一些工种似乎非他们莫属。他们中的相当一部分人，通过多年的勤奋学习和进取拼搏，已成为一些重要技能岗位的骨干和标兵，他们中的佼佼者，甚至有了自己的企业和天地。应该承认，他们对工业化和城市发展做出了突出的贡献，城市理当像对待其他劳动者一样，礼遇他们，给他们回报。但是，城市并没有做好准备。首先，没有做好思想和观念上的准备。城市的居民，尤其是政府的各级领导，可能没有意识到，这些农村转移进城的居民，是城市建设与发展中必不可少的一支力量。他们对城市做出重大贡献，得到在城市正常生活的权利是理所当然的，这种权利也就是城市给予它的每一位居民的服务和福利。在中国，大量的农民工在工业化和城市化的过程中转移进城肯定是一个不可逆的过程，城市必须为此做好充分的准备。其次，在中国，由于工业化和城市化的进程迅猛发展，流动人口迅速增加，城市范围迅速扩大，城市缺乏应对的规划和谋略。根据第六次人口普查结果，在全国 31 个省（自治区、直辖市）和现役军人的人口中，居住在城镇的人口为 665 575 306 人，占 49.68%；居住在乡村的人口为 674 149 546 人，占 50.32%。同 2000 年第五次全国人口普查相比，城镇人口增加 27 137 093 人，乡村人口减少 133 237 289 人，城镇人口

比重上升 13.46 个百分点。我们说城市缺乏思想和观念上的准备，还包含这样的内容：由于城乡居民生产资料、生活资料属性的不同和户籍制度的区分，当农民工转移进城之后，上述基础性制度如何应对形势做出调整，国家和城市还没有作好相应的准备。

2. 城市受经济、社会、资源三大系统的制约，影响农民工向城市转移

对于一个具体的城市而言，在一个相对固定的时期，它能够接纳的农村转移劳动力及其家属的数量，是受其自身条件限制的。这些限制条件大体分为三类：经济系统、社会系统和资源系统。

经济系统是最基础的影响因素，这是因为农民进城是为了寻求就业，一个城市的产业规模、产业结构决定着它的劳动力需求和劳动力结构。一个城市的劳动密集型产业越发达，它对农村转移劳动力的需求就越大。我们的前期研究发现，对农村转移劳动力还有一个直接吸纳和间接吸纳的问题。一个城市的第二产业越发达，第二产业本身和它诱增的城市人口，就越容易引致对基础性服务业和生产性服务业的需求，这种需求会产生大量的适合农村转移劳动力就业的服务性岗位。这类就业需求是由城市第二产业的扩张导致的，我们把它称做由第二产业的规模和结构引致的基础性服务业的就业需求。当我们在沿海地区开展“两头在外、大进大出”的出口加工时，就强化了与出口地（欧美主要国家）的经济联系。欧美国家经济快速发展的同时，我国大量的农民工涌入东部沿海城市。但伴随着 2008 年全球金融危机的爆发，以及人民币不断地对外升值，出口受挫，出口型企业效益大幅下滑，农民工工资下降，使得很大一部分农民工返乡，导致基础服务业开始萎缩。由此可见，经济系统对一个城市农民工会产生数量制约。

社会系统同样制约一个城市对农村剩余劳动力的吸纳数量。社会系统首先涉及的是一个城市的开放程度，即一个城市接纳包括农民工在内的外来劳动者的程度及其制度和政策设计。其次是这个城市的社会系统的结构、运转的机制，如各级政府、企业和城市居民专门出租给农民工及其家属的公寓、廉租房、公租房及较为廉价的腾空房的运行机制。又如，这个城市向居民提供公共福利和服务的公共产品与公共基础设施的数量和分布，包括实施基础教育和学前教育的学校、各级各类医疗服务机构、文化休闲娱乐设施、社会保障、治安和市容管理等。城市受财力所限，社会系统的建设相对滞后，出现了一些新的社会问题，如农民工子女的教育问题。到目前为止，城市基本上只为农民工子女提供义务教育，无论是公办还是农民工子弟学校，都不允许外地生读高中，更不要说参加高考了。有的城市甚至连农民工子女的义务教育也不能保证，这导致农村留守儿童性格孤僻、内向、不善言辞、对社会缺乏信任甚至犯罪等。另外，农民工在城市从事的大部分工作都是城市市民所不愿意干的，他们从内心里感到沉重的自卑，难以融入城市，也导致了一些社会治安问题。

资源系统包括一个城市的土地、可能的建成区面积、人均绿地、水电气的供给能力、人均道路和公共交通系统，以及其他因人口增加而变得稀缺从而影响人们工作和生活质量的资源。资源系统是经济系统和社会系统是否能良性发展与和谐运行的基础。在现实生活中，虽然大多数资源是可调控和具有弹性的，但随着人口从农村向城市大规模转移，资源系统的约束越来越明显。比如，交通拥挤、住房困难、环境污染、水电气供应紧张等问题使得城市的宜居程度降低，农民工在获得比务农多的收入的同时也承担了比农村更高的生活成本，使得城市对于部分收入较低的农民工来说失去了吸引力。

3. 农民工劳动权益保护问题

尽管我国出台较多的法律与政策来保护农民工的劳动权益，但由于法律本身的保护力度及执行的力度不够，在一段时间内出现了工资被拖欠、克扣甚至被赖掉，不签订劳动合同，劳动条件差，社会保障不到位，工伤事故与职业病得不到补偿等现象。虽然劳动和社会保障部（现为人力资源和社会保障部）2003 年 3 月《关于农民工适用劳动法律有关问题的复函》、2005 年《关于确立劳动关系有关事项的通知》（劳社部发〔2005〕12 号），明确农民工与合同工、正式工享有相同的劳动权益，但仍随处可见农民工与正式工同工不同酬的现象。

4. 转户进城后农民工土地权益的相关问题

承包经营权与宅基地使用权是农村居民土地权利体系中的核心内容（刘兆军和陈玉庆，2006），农村户口保证了农村居民的农业生产用地的承包经营权，在批准的宅基地上自建居住房舍的农村集体建设用地的使用权，集体山林的租赁或承包经营权。当农民工放弃农村户口而选择城市户口时（这时他们实际已在城市里生活并有着相对稳定的工作和收入来源），按照《中华人民共和国土地管理法》《中华人民共和国物权法》《中华人民共和国农村土地承包法》等相关法律规定，农民依法承包经营的农业生产用地、自己建房居住的宅基地，都受国家法律保护，另有法律规定国家允许征用的除外。《中共中央关于推进农村改革发展若干重大问题的决定》更是明确了按照依法自愿有偿原则，在不改变土地集体所有性质，不改变土地用途，不损害农民土地承包权益的前提下，允许农民以转包、出租、互换、转让、股份合作等形式流转土地承包经营权。但农业受自然和市场的双重影响，风险较大，投入产出周期长，业主对投资农业开发极为慎重，参与土地流转规模经营的意愿并不强烈。而农村集体建设用地整理置换过程复杂，开发建设使用限制较多，不能确权登记自由流转和抵押融资。此外，现行土地税制设置不利于土地流转，土地流转环节的税种多、税负重，而土地保有环节基本无税，这对占用和浪费大量土地资源既缺乏必要的经济制约，也阻碍了农用地流转。在这种情况下，如果没有国家层面较为明确的法律规定出台，就不能简单地把农民工转户进城与放弃土地承包经营权及宅基地的使用权挂钩操作。另外，当农民工，尤其是整户转城的农民工离开土地以后，又确实面临着一部分耕地可能闲置撂荒的情况，从国家利益来看，这是土地资源的浪费。转户进城的农民工是否该放弃农村户口所给予他们的生产和生活资料的特殊经营权利？如果该放弃，那么，这些权利该转让给谁，转让的程序如何？这是摆在各级地方政府面前的一个难题。

三、解决问题的思路

有序推进农民工向城市转移并妥善解决好相关问题是一个复杂的系统工程。系统内各种问题相互交织在一起，理清该系统内各种错综复杂的因素之间的关系，并据此提出政府如何通过各种政策引导农民工转户进城在现阶段是非常有意义的。

首先，城市管理者应该认识到城市的发展与繁荣离不开农民工，农民工是多种行业不可或缺的劳动力资源，为城市创造了财富，是推动城市发展的重要力量。在清楚地度量农民工在过去和未来对城市的贡献之后，城市管理者应该对已经在城市工作生活了多年的农民工及其家属提供教育、医疗、住房等公共服务和社会保障，交通出行补贴等公共福利，这是城市管理者的责任和义务。在农村剩余劳动力日渐短缺，招聘拥有熟练技能的农民工实际已经成为处在快速工业化进程中的城市之间的一种竞争时，城市管理者开始意识到，提升农民工在城市工作生活的环境质量，正逐渐成为城市打造自己竞争能力和经济社会持续发展能力的基础性工作，这种思想观念的转变有助于随后改善农民工福利待遇的各种强制性政策出台。

其次，城市受经济、社会、资源三大子系统的制约，这也限制了农民工向城市转移。为了进一步分析其内在机理，我们在所承担的国家自然科学基金项目“城市吸纳农民工容量及其演变规律研究”中，构造了一个系统动力学模型，来模拟一个城市的经济、社会和资源三大子系统对进城农民工数量与结构的影响，并且得到一些有意义的结果。比如，虽然经济子系统的发展对农民工提出数量与结构的需求，但是，社会子系统和资源子系统的诸因素却制约和抑制这种需求的实现。三大子系统对进城农民工的数量与结构的影响既可以单独发挥作用，也可能相互影响，共同发挥作用，最优状态需要对每个子系统和每个因素共同进行调适。在现实生活中，每个因素变化的环境条件不一样，变化所需的着力点与所需的时间不一样，所以城市管理者通过各种政策促进其系统中各个因素的变化时，需要考虑不同子系统及其交互的各种影响因素。此外，三大子系统的建设和扩容需要资金投入。投入的资金主要来源于经济子系统对城市的贡献，包括税收、土地增值收益、国有企业利润等。社会子系统的建设主要依赖政府使用财政资金对子系统内的各个因素的投入，如医院、学校、保障性住房等的建设，以及为城镇低收入群体（含转户进城农民工）提供的社会保障等。构成社会子系统的每一个因素每一个环节的具体的投入都可以事先预测所需资金量，同样的道理，对资源子系统中的非稀缺资源因素，可以通过人均消费量测算出城市吸纳新增人口所需的资源系统中各因素的投入。要使系统和谐协调，也必须要有一个对系统内各因素投入的总规划和总资金量。总资金量可理解为城市吸纳农村转移居民的这部分新增人口的建设成本，有了成本的测算，我们就可以根据某个城市经济子系统的发展水平与速度，对社会子系统与资源子系统进行改善，设立合理的农民工转移进城规模与进度，从而科学地规划和推进城市吸纳农村转移人口的工作。

再次，关于农民工劳动权益与土地权益的保护问题，曹纪元和任芳玮（2010），任芳玮和黄进才（2010）都建议修改和完善《中华人民共和国劳动法》，尽快制定《农民工权益保护法》，提高农民工组织化程度，配套户籍制度改革，拆掉大城市的入户门槛，让进城农民工获得与市民一样的权益。但笔者认为其中的措施之一户籍制度改革形式容易，要进行实质性的改革，难度非常大！有两个比较敏感的问题。其一，公共福利和服务的给予，是否能对本市（区、县）转户进城的农民工与其他市（区、县）欲转户进城的农民工一视同仁？以地方政府目前的财力，还不足以承担大量农民工转户进城后所需的公共产品，所以对农民工转户设置了一定条件，形成了“门槛”，毕竟公共福利和服务的提供主要是以本区域全体居民创造并共同分享的公共财政为基础的。因此，政府公共福利和服务的人群范围就不能不考虑这个因素，尤其是涉及不同省份之间的农民工转户进城，公共福利可能要在国家层面上协调予以解决。其二，涉及农民工在原农村的土地权益，转户进城的农民工如何转让和放弃承包地与宅基地的权益，这是一个难题。因此，有必要对农民工在原农村的土地权益进行进一步的讨论。

随着我国集体土地使用权逐步“固化”，我国开始引入市场机制调节农民与集体组织之间的产权关系，逐步以资产、市场为连接纽带，将集体内部责任制关系转变为一般的市场关系。比如，目前我国在实践中已经出现了土地股份合作、集体建设用地（地票）交易等形式。此外，在国家层面较为明确的法律规定出台前，不能简单地把农民工转户进城与要求他们放弃土地承包经营权及宅基地的使用权挂钩。以重庆为例，将进城农民工的社会保障供给与土地问题脱钩，农民工转户进城与承包经营权、宅基地使用权关系脱离，农民工转户进城不以退出承包经营权与宅基地使用权为前提，引导转户进城农民工按照市场方式有条件逐步退出农村和农业生产经营。那么没有退出承包地和宅基地的农民工转户进城成为市民后，他们仍然可以依法获取在农村的财产性收益。这与完全退出承包地和宅基地净身进城的农民和城镇低收入原住民相比，他们占有的社会财富和获得的公共保障就存在区别，相互之间会形成一定的反差，所以实施户籍制度改革及其配套政策时应该考虑这一问题。对土地可能闲置撂荒的情况，可以考虑在同时兼顾农民工的正当权益和国家利益的基础上来设计一种制度。比如，可否以农村村组或其他有广泛代表性的农村集体经济组织为基础，形成农村土地流转的中介机构，赋予其一定的政府管理权利，对农民工承包经营的农业用地和不再使用的宅基地依法、自愿、有偿流转提供信息支持和服务。最关键的是，该机构要受政府委托监督耕地是否撂荒或被挪为他用，监督因保障建设用地的增减平衡而复垦的宅基地是否真正地被复垦和耕作。

最后，注意引导农民工有序地向大、中、小城市（镇）转移。我们认为，在考虑农村人口向城市转移时，应采取大、中、小城市统筹规划，以中小城市为主的政策。现阶段我国的大城市，特别是特大型的中心城市，普遍有这样两个特点。一是大城市人口多，建设用地紧张，单位国土面积上的人口荷载和经济活动的荷载大，这就使得大城市普遍存在社会子系统和资源子系统负担偏重、系统扩容困难的问题；二是大城市在区域内总是引领工业化进程，产业结构不断优化升级，这些城市的产业，尤其是新兴产业对低端劳动力的需求存在减少的趋势。而中小城市（镇）一般处在城乡结合部，它们也有两个特点，一是它们受产业基础的限制，技术密集和资金密集的大企业少，企业难以形成企业集群。二是它们靠近农村，有较丰富的农副产品资源，便于发展农副产品加工、来料加工、建材等劳动密集型产业，以及为大城市的大企业提供配套加工服务的一般制造业。这两个特点使得中小城市（镇）吸纳农村转移劳动力有较大的空间。从国家战略的角度来讲，建设中小城市（镇）可以看成是实现“以工辅农，以城带乡”的“桥梁工程”，可以让农民有最低的进城务工成本。前面述及，在农民工转户进城后，我们既不能轻易剥夺农民工的承包地和宅基地，又要让这些资源充分地发挥效益。那么，让更多的农民工在自己家园附近的中小城市（镇）就业，可能是较好地解决这对矛盾的办法，国家应该对此有更恰当的政策引导。

作为国家自然科学基金项目“城市吸纳农民工容量及其演变规律研究”的主持人，笔者长期关注与思考农村居民如何有序地向城市转移及城市如何吸纳农民工的问题，以上是笔者对该问题的一些个人看法，也是该项目的一个总体研究思路，课题小组根据该思路形成了本书。本书分工与结构安排如下：王崇举负责提纲与研究方法的制定并撰写第一章导论；骆东奇撰写第二章城市吸纳农民工经济子系统的构建；刘昌用撰写第三章城市吸纳农民工社会子系统的构建；谭灵芝撰写第四章城市吸纳农民工资源子系统的构建；张永鹏、谢佯、魏丽然和杨玉坤共同撰写第五章城市吸纳农民工容量的系统动力学模型；张永鹏撰写第六章城市吸纳农民工容量的演变规律；吴华安和曾波撰写第七章城市吸纳农民工容量的相关政策与制度安排；王崇举、吴华安、骆东奇、李颖慧、曾波，以及王璐云、王腾、毛淋三位研究生共同撰写了第八章城市吸纳农民工容量的地方探索。朱莉芬负责整个课题的资料搜集与整理。

第二章 城市吸纳农民工经济子系统的构建

第一节　经济子系统的内涵

经济子系统是一定区域内，各种经济因素之间相互影响组成的体系，任何一个经济体或经济因素的变动都会对整个体系造成影响。城市吸纳农民工经济子系统是指影响城市农民工容量的多种经济因素按照一定方式构成的体系。

改革开放以来，中国不仅经历了经济的快速发展，也进入了人口快速向城市迁移阶段。随着社会经济的发展，我国进入了工业化初中期向中后期演进阶段，也是“二元经济”向“一元经济”转变的重要历史时期，农民工作为农村剩余劳动力向城市转移的主体不断涌进城市。2008 年 11 月 20 日，国务院新闻办公室发布官方数据，中国农民工人数为 2.3 亿。[①] 大量农民工进城在加速城市化进程及推动经济发展的同时也为城市带来了一系列负面影响。城市的发展离不开农民工，但同时农民工人数过多会带来一系列城市管理问题和困难，过少又会带来无法支撑产业发展的用工危机和障碍。城市对农民工既有吸纳的需求，也有吸纳的限制，城市对农民工的容量有一定阈值。

城市是区域经济发展的一部分，是其核心部分，是一个复杂系统。在城市建设、产业发展等方面都需要大量的劳动力，城市对农民工的吸纳受多种条件和因素的影响，开展城市吸纳农民工容量研究的前提是分析城市经济子系统中

---

① 数据来源：国务院新闻办公室 .2008. 中国农民工人数 2.3 亿 . 民工网，http://www.mingong123.com/news/13/200811/e0662ce6a21a2a9f.html [2008-11-21]

与吸纳农民工有关的关键因素，弄清这些因素对城市吸纳农民工的影响规律。以往学者对农民工转移的研究主要集中在单一因素对农村剩余劳动力转移的影响上，如工资差异与劳动力流动的关系（钟笑寒，2006）、财政政策对劳动力转移的作用（唐红军，2006）、发展工业的重要性与转移农村剩余劳动力的关系（熊会兵，2005）、第三产业对农村劳动力转移起到“蓄水池”的作用（潘茂理和赵以国，1996）等，很少综合考虑城市吸纳农民工的多个经济因素。目前较多的研究集中于如何将剩余劳动力从农村中转移，较少探讨城市如何能容纳更多农民工。本书从整体的高度和城市经济的视角探讨多因素相互间的关系，以及这些因素对城市吸纳农民工的影响机制。

第二节　城市吸纳农民工经济子系统构建

城市是一部极其复杂的“大机器”，支撑这个“大机器”运转的“零部件”有很多，经济因素是其中重要的内容，包括产业结构、投入产出比、劳动生产率等。本书经济因素的选取主要考虑与城市吸纳农民工联系的重要程度，通过对比分析把经济因素分为三类，它们分别是城市产业子系统、劳动力子系统、消费子系统，它们共同决定着城市吸纳农民工经济子系统的运行和功能，如图 2-1 所示。

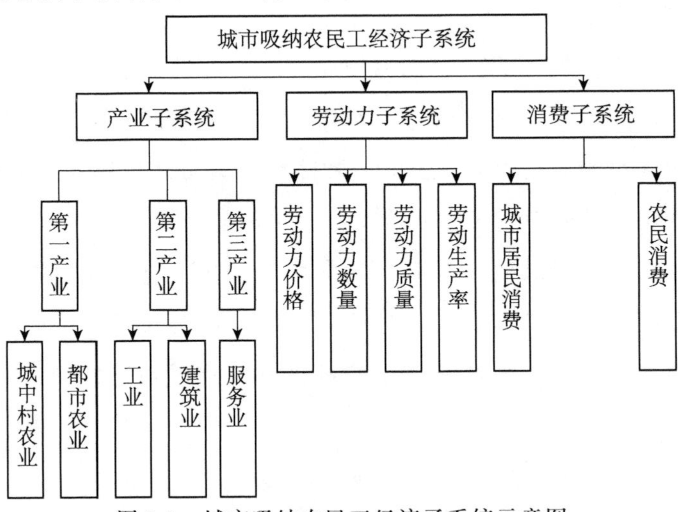

图 2-1　城市吸纳农民工经济子系统示意图

产业子系统包括三次产业，由于第一产业、第二产业、第三产业的特点属性不同、发展状况存在差异、发育程度不一样，所以不同产业用工需求有所差别，并且各产业的壮大或缩小与农民工在城市的就业流向有直接的关联性。

劳动力子系统包括城市中农民工的劳动力价格、劳动力数量、劳动力质量和劳动生产率，它们的变化直接影响着农民工在城市的就业和生活。

农民消费和城市居民消费是消费子系统的两个重要方面，两者在消费水平、消费类型和消费结构上既有联系又有区别，这都直接影响农民工进城的意愿、城市的吸纳，以及进城农民工的就业和生活。

第三节　系统分析

一、产业子系统

（一）产业子系统与城市吸纳农民工的关系

1. 第一产业

农业生产在城市里主要有两种存在形态：一是城中村农业，二是都市农业。

城中村农业是农民融入城市的过渡带，即随着城市的发展扩大，其不断把近郊的农村吞食，原有城乡结合部的村庄被城市建成区用地包围或半包围，逐渐成为城市的一部分（张京祥和赵伟，2007）。城中村农业受土地面积、地块质量和经营条件等的限制，很少进行农业生产，一般都是农民自发分散经营种植业、养殖业等。城中村对吸纳农民工的作用包括：城中村一般是农民工进入城市的首选居住地，城中村为他们提供廉价的住房、低成本的生活区，以其与农村相近的生活环境给予一种特殊的归属感。

城市在发展过程中，城乡结合部及城市规划区而未建成区存在一定的农业生产区，主要从事花卉苗木、蔬菜种植、观光休闲等直接服务城市的农业，是一种包含了第一、第二、第三产业特色与功能的现代新型农业，这些都市农业的发展，需要一批熟悉农业技术、有文化的农民工（李婧，2006）。都市农业为进城务工的农民提供了较好的机会，由于经营方式先进，农民的劳动量比分散经营时小，收入高，还可以学到许多先进的种养殖知识，对今后回乡务农大有裨益，所以城市的第一产业仍能容纳一部分农民工，但需求数量不多且需求人数趋于稳定。

2. 第二产业

第二产业是指工业（包括采掘工业、制造业、自来水、电力、蒸汽、热水、煤气）和建筑业。目前，我国农民工从事第二产业的人数占外出务工总人数的56.7%，是城市吸纳农民工最多的产业。①

1）工业

美国经济学家威廉阿瑟·刘易斯（1989）的二元经济理论指出，经济发展就是工业部门的不断扩大和农业部门的不断萎缩；在工业化过程中，农业部门的首要任务就是为工业输送剩余劳动力，以廉价劳动力为工业部门创造利润，累积扩大再生产的资本。目前，我国工业仍以劳动密集型为主，与其他国家相比有明显的劳动力成本优势，因此大量农民工从事工业特别是制造业。中国的制造业代加工多，代加工工作门槛低，对农民工文化素质、技能掌握等要求较少，工人在这些行业大多从事简单的重复性劳动。2009年，制造业吸纳的农民工人数达5682万人，占外出农民工的39.1%，占中国全部制造业就业总人数的2/3还多。② 在制造业内部，农民工逐步向电子电器业、制衣制鞋业、机械制造业等外向度较高的行业集中。采掘业具有自然条件艰苦、劳动强度大等特点，大量文化程度低、吃苦耐劳、身强力壮的农民工（绝大多数为男性）选择了这个行业。另外，自来水、电力、蒸汽、热水、煤气行业技术含量低的部门也能吸收一部分农民工，但是这些行业对职业技能要求高，只有少数经过专门职业培训者才有机会进入。

---

① 参见中华人民共和国国家统计局网站，第二次全国农业普查主要数据公报（第五号），www.stats.gov.cn，2008年2月27日

② 参见中华人民共和国国家统计局网站，2009年农民工监测调查报告，www.stats.gov.cn，2010年3月19日

2）建筑业

建筑业是专门从事土木工程、房屋建设、设备安装及工程勘察设计工作的生产部门。目前，我国有17.3%以上的农民工分布在建筑业。① 建筑业也是劳动密集型产业，大部分工作对知识技能的要求也很低，对身体素质尤其是体力的要求特别高。这是因为建筑业的大多数相关工作都有工作强度大、工作环境恶劣、危险性高的特点，而长期务农的经验使得农民工具有身强力壮、吃苦耐劳、能承受恶劣天气和嘈杂环境的能力，这决定了大多数男性农民工可以相对容易地在建筑业找到工作。

3. 第三产业

第三产业是除第一、第二产业以外的向全社会提供各种劳务的服务性行业，其特点是：行业多、门类广；劳动密集、技术密集、资金密集并存，能够吸纳大量各类层次的人员就业，资本对劳动力的排斥现象不严重，“机器排斥人”的现象较少，有利于就业容量的扩大；资本投入水平和工资水平低，与发展第二产业相比，同等数额的投资可以提供和创造更多的就业机会，因而在解决劳动力就业方面有其他产业所不具备的优势。近年来，第三产业已经逐步成为吸纳农民工就业最具潜力的产业，农民工在第三产业从业人员中占52%。② 在服务业内部，农民工逐步向住宿、餐饮、娱乐、文化、教育、体育等城市服务业集中。

（二）产业子系统吸纳农民工容量的指标体系

考虑到产业子系统包含了一个国家和地区几乎所有的经济数据，国内生产总值（GDP）是指一个国家或地区在一定时期内国民经济各部门增加值的总额。因此将GDP这个衡量国民经济发展情况最重要的一个指标列在产业子系统里。根据以上分析，建立产业子系统吸纳农民工容量的指标体系，如表2-1所示。

① 参见中华人民共和国国家统计局网站，2009年农民工监测调查报告，www.stats.gov.cn，2010年3月19日

② 国务院研究室课题组. 2006. 中国农民工调研报告. 北京：中国言实出版社

表 2-1　产业子系统吸纳农民工容量的指标体系

一级指标	二级指标	三级指标
产业子系统	第一产业	城中村农民工人均住房面积/（平方米/人）
		城中村租住房屋月租/（元/平方米）
	第二产业	工业总产值/亿元
		工业增加值/亿元
		第二产业占国内生产总值的比重/%
		工业经济效益综合指数
		第二产业从业人员数/万人
		工业固定资产投资总额/亿元
	第三产业	第三产业占国内生产总值的比重/%
		第三产业增加值/亿元
		社会消费品零售总额/万元
		第三产业从业人员数/万人
		第三产业投资额/亿元
	经济发展总量	地区生产总值/亿元
		人均地区生产总值/元

二、劳动力子系统

（一）劳动力子系统与城市吸纳农民工的关系分析

农民工是一种特殊的劳动力，有城市劳动力所不具备的一些特质。比如，相对廉价、能够承受更高的劳动强度和更长的劳动时间等，劳动力价格、劳动力数量、劳动力质量和劳动生产率是他们能否被城市容纳的直接因素。

1. 劳动力价格

劳动力价格是劳动力价值的货币体现，劳动力的价值由维持、发展和延续劳动力所必需的生活资料的价值决定，劳动力价格的高低直接影响农民工进城的积极性。

劳动力作为一种商品，当其供过于求时，其价格会下跌；反之，则上涨。我国农民工劳动力总体上供过于求，劳动力价格偏低，工资远远低于城镇职工。但是由于沿海开放地区工资平均水平高于内地，更高于农民在家务农的收入，即使做着同等条件下比城镇职工更高强度和更长劳动时间的工作，农民工仍源源不断地流入长江三角洲地区（长三角）、珠江三角洲地区（珠三角），引发了20世纪东部沿海地区“民工潮”，而中西部地区吸纳的农民工相对较少，流动速度较慢。

劳动力价格的变化，还受其他因素的影响，如通货膨胀、货币贬值等。影响农民工进城积极性的不单是劳动力价格的高低，还包括工人的实际生活水平，即获取的全部生活资料的数量和质量。近年来，随着城市物价上涨，通货膨胀压力增大，生活成本越来越高，工资收入的增长率低于生活成本增长率，降低了农民工进城的积极性。珠三角地区在 2003 年以前很少涨工资，而生活成本却不断上涨，入不敷出的情况使得大量农民工选择返乡。经过 2004 年的“民工荒”事件后，珠三角开始为农民工涨工资，到 2006 年农民工月平均工资为 1092.71 元，比 2005 年的 926.18 元增加了 166.53 元，增幅达到 17.9%（城市化进程中农民工问题调查组，2007），工资上涨后才缓解了用工荒的现象。

此外，我国劳动力资源优势不断下降，劳动力成本成为企业最大的经营成本，劳动力价格过高会给企业发展带来巨大压力，影响用工单位的积极性。但总体来说，我国劳动力价格仍有较大上涨空间，提高农民工收入是吸引农民工进城的有效方法。

2. 劳动力数量

我国农民工数量巨大，需要转移的农村剩余劳动力不断增加，总体上处于供过于求的阶段。但由于劳动力市场不完善等，不少地方“民工潮”与“民工荒”现象同时存在。我国农民工数量巨大，对城市吸纳农民工容量有正、负两方面的影响。

农民工是城市经济系统的主体之一，他们背井离乡在城市的各个行业工作，为城市的建设和经济发展做出了巨大的贡献。数量庞大的农民工群体分布在加工制造业、建筑业、住宿、餐饮等服务业，为城市提供了廉价的劳动力资源，解决了地区经济发展与劳动力不足的矛盾，有力地促进了我国工业起飞和经济发展。加快城市建设，推进城市化进程，城市的发展反过来不断扩大对农民工的吸纳容量。

另外，农民工数量供过于求，城市在短时间内创造的工作岗位有限，不能有效吸收所有的农民工，用人单位趁机降低工资待遇，农民工也不得不降低自己的期望值。他们的工资待遇、福利保障较差，城市在短时间不能为农民工提供良好的基础生活设施和社会保障制度。

3. 劳动力质量

劳动力质量主要是指劳动者所掌握的科学知识、技能的水平及其在劳动生产（工作）中运用的熟练程度。农民工的质量在很大程度上决定了他们进入的行业和工种，随着我国产业结构的不断调整和升级，劳动力质量的高低最终直接影响到城市对农民工的吸纳。

农民工受教育年限较少、文化程度普遍偏低，小学、初中、高中文凭居多，参加技能培训的农民工较少，技能水平不高。劳动力质量偏低的农民工从事的工种多为重体力劳动、技术含量低、就业门槛低的行业，如建筑业、采掘业、餐饮服务业、家政服务业等，他们的收入和工作环境较差，就业更加不稳定，易受到经济波动的冲击，容易回流。劳动力质量高的农民工在制造业、零售业工作，甚至担任一些企业的中层管理职位。

科学技术日新月异，企业也在朝专业化和多样化方向发展，农民工如不加强技能和提高文化水平，易被技术进步带来的革新淘汰，从而在就业市场丧失竞争力，或者只能从事技术含量更低、收入更少的工种。

4. 劳动生产率

劳动生产率是指劳动者在一定时期内创造的劳动成果与其相适应的劳动消耗量的比值。随着传统技术生产向现代技术生产转换，资本开始积累和深化，导致劳动生产率与就业之间出现替代，这种替代持续 20～25 年（徐旭川，2008）。

我国正处于由传统农业社会向新型工业社会转型的时期、工业化初期向工业化中后期发展的阶段，技术进步带来工业部门劳动生产率不断提高，其吸纳的劳动力却已趋近饱和，劳动力流向第三产业趋势明显。目前，我国以制造业为代表的工业部门吸纳的农民工人数最多，但是其吸纳能力在下降。随着经济社会的不断进步，第二、第三产业的结构在不断变化。从目前中国的现状看，第二产业吸纳农民工的数量相对趋于饱和，城市第三产业逐渐成为吸纳农民工最具潜力的部门。

（二）劳动力子系统吸纳农民工容量的指标体系

通过以上分析，建立劳动力子系统吸纳农民工容量的指标体系，见表 2-2。

表 2-2　劳动力子系统吸纳农民工容量的指标体系

一级指标	二级指标	三级指标
劳动力子系统	劳动力价格	农民工人均年收入/元 年均工资增长率/% 最低工资/元 每小时加班工资/（元/小时） 制造业实际工资指数
	劳动力数量	农民工总人数/人 城市第一产业需求人数/人 城市第二产业需求人数/人 城市第三产业需求人数/人 农民工人口年龄结构 农民工性别比例/%
	劳动力质量	劳动力平均受教育年限/年 参加职业培训的农民工比例/%
	劳动生产率	第一产业劳动生产率/% 第二产业劳动生产率/% 第三产业劳动生产率/%

三、消费子系统

（一）消费子系统与城市吸纳农民工的关系分析

消费是社会再生产的重要组成部分，农民和城市居民的消费既有联系，也存在差别。不同城市在消费水平、消费结构、消费导向等方面表现出一定的差异性，影响着其对农民工的吸纳。

1. 城市居民消费

居住在城市的农民工或居民消费水平、消费结构、消费心理和习惯等在消费上的表现很大程度上反映城市经济发展水平、产业结构和城市文化，消费结构与城市的产业导向存在一定的同向关系，它直接或间接地影响着城市及相关区域社会产品的种类和生产规模，相关行业的发展也在较大程度上决定农民工的就业工种和行业。

城市居民购买力水平不断提高、消费内容不断丰富，不仅要求社会产品扩大生产规模和多样化，可为农民工提供相关产业的就业机会，还能培育一些新兴产业，提供新兴产业就业岗位。比如，城市居民消费结构朝发展型、学习型和享受型方向变化，现代服务业比例不断提高，直接引导农民工逐步有序地向第三产业流动；城镇居民住房支出增加直接影响着房地产配套的建筑、装饰业、建材生产等岗位大量增加。同时，居住在城市的农民工或居民消费水平不高、消费预期下降，就难以培育和发展相关产业，也就无法通过扩大生产为农民工提供就业岗位。不同的消费结构，就会有不同的区域产业结构。因此，消费结构的提档升级可以引导农民工向生产消费品的产业和部门流动。

2. 农民消费

农村居民收入普遍低于城市居民收入，消费水平低于城市居民。近年来，社会经济形势的不断变化和农民收入的不断增长，以及科技发展带来的城市文明向农村普及，使得农民的消费类型、消费结构等与以往有较大差异，这些变化直接或间接地影响农民工向城市转移和城市吸纳农民工的容量和能力。

改革开放之初，农民收入低，他们的收入大多用来满足吃、穿、住、行等生存需求，1978 年，中国农村居民恩格尔系数高达 67.7%[①]，发展型和享受型消费较少。近年来，农村看病、子女入学等成本较以往有较大的提高，并且随着城市文明向农村延伸，农村消费品也越来越丰富多样，手机、电脑、空调、汽车等高档消费品逐渐在农村出现并走向普及，农民的消费开始转向发展型和享受型。同时，由于农村社会保障还在不断完善过程中，农业生产效率低下，从事农业生产的收入已难以支付高昂的医药费、学费和维持农村的发展型、享受型消费。因此，进城务工成为他们满足自己消费需求的可靠路径，这是农村消费把农民向城市推动的“推力”结果。

另外，城市产业、文明和现代化的生活的“拉力”牵引着农民工进城。随着科技、通信产业的发展，越来越多的农民尤其是农村年轻一代渴望了解外面的世界，希望走进城市、享受城市的文明和繁华。城市物资的丰富多彩、社会

---

① 国家统计局.1981. 中国统计年鉴 1980. 中国统计出版社

交往的广泛、非农就业岗位的增加，以及农民进城就业的较高收入吸引着大量的农民不断地“挤”向城市。

城乡两种消费对农民的一“推”一“拉”，这两种力量促使农村剩余劳动力不断进入城市。为城市发展和建设做出贡献的同时，也提高了农民自己的消费水平，降低了恩格尔系数，改善了消费结构，提高了发展型和享受型消费的比重。

（二）消费子系统吸纳农民工容量的指标体系

从城市居民和农民消费两方面建立了消费子系统吸纳农民工容量的指标体系，见表 2-3。

表 2-3　消费子系统吸纳农民工容量的指标体系

一级指标	二级指标
消费子系统	物价指数
	农民人均可支配收入/(元/年)
	城镇居民人均可支配收入/(元/年)
	年末城乡居民人均储蓄存款/元
	恩格尔系数

四、各子系统相互作用关系

城市吸纳农民工经济子系统包括产业子系统、劳动力子系统和消费子系统，三个子系统共同作用、相互影响，共同形成经济子系统对城市吸纳农民工的影响，其关系如图 2-2 所示。

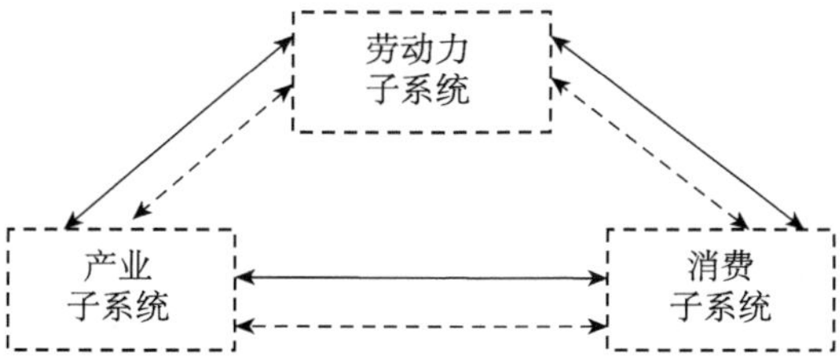

图 2-2　各子系统相互作用关系图

注：带箭头的实线表示促进作用，带箭头的虚线则相反

图 2-2 表明：产业子系统、劳动力子系统和消费子系统各自在不同的方面对

城市吸纳农民工发挥着特定的功能，在吸纳力的贡献上存在相互促进、相互联系、相互影响的关系。

产业子系统中，随着产业结构的变化和调整、第二和第三产业的不断扩大，非农产业生产需要的农民工数量快速增加。在农民工劳动力供给不足的情况下，劳动力价格就会有所提高；第二产业和第三产业的快速发展也表明人们的消费观念已经从基本生存向追求优质生活转变，必然会推动城乡居民消费水平的提高，促进消费结构合理化，与消费导向一致的行业会快速发展，其就业容量也会增加，需要不同层次的农民工数量也会增多，相应提高了城市吸纳农民工的容量。反之，任何一个系统功能和规模的衰退，不仅会导致该系统吸纳农民工的能力下降，还会通过产业的关联直接或间接影响到其他系统的运行与功能。

城市吸纳农民工经济子系统的三个子系统在促进城市容纳农民工的功能上各自都发挥着重要作用，并且相互促进、相互影响。城市产业结构中第二产业不断发展，同时也存在转型升级，城市部分工业、建筑业等行业对农民工的需求量还在上升，第三产业在未来一定时期是吸纳农民工最具潜力的行业。目前，农民工劳动力价格偏低，直接影响农民工进城务工的积极性，劳动力数量总体上供不应求和劳动力质量不高的现状暂时决定了农民工多停留于技术含量低、收入低、环境差的工作。随着城市居民和农民消费水平的提高，消费内容的丰富，社会消费资料的生产将扩大规模和朝多样化方向发展，将会促进农民工进城务工。

第三章 城市吸纳农民工社会子系统的构建

第一节 城市农民工的社会融合

20 世纪 80 年代末以来，城市劳动力市场逐渐向农村打开，进城务工农民数量迅速上升，成为 20 多年来对我国城市经济和社会发展做出重要贡献的农民工大军。但是，由于体制、文化等方面的因素，农民工尽管工作生活在城市，但他们实际上很难全面融入城市社会，而是处于城市的边缘，与农村和土地的紧密联系仍是他们的重要特征。这种状况不仅阻碍我国的城市化进程，影响城市的稳定协调发展，也造成农村空心化等一系列社会问题，不利于新农村建设和社会主义和谐社会的建设。从城市的角度看，城市能够在多大程度上使农民工真正融入城市社会，成为城市对农民工社会容量的实质性问题。对此问题进行量化分析的难度很大，缺乏必要的理论框架和成功经验，在这里我们主要作定性讨论，这些讨论对深入认识“农民工的社会容量”是必要的。

一、社会融合

社会融合是社会个体之间、不同社会群体之间及更大范围内的不同文化之间互相适应的过程。农民工的社会融合是指农民工作为一个社会群体，融入主流社会关系网当中，能够获取正常的经济、政治、公共服务等资源的动态过程或状态，是农民工与城市社会、与市民双向互动和接受的过程，包括经济融合、政治融合、公共权益融合、社会关系融合等（王桂新和罗恩立，2007）。

农民工融入城市生活的过程是一个重新社会化的过程，衡量他们是否真正融入了城市生活，一般应具备三个条件：一是农民工应当能够在城市获得较为稳定的职业，这是其立足城市社会的基础；二是农民工的职业能够为其带来在经济收入和社会地位上与当地人较为接近的生活方式，这是农民工参与当地社会活动、发生广泛社会关系的先决条件；三是在参与当地人社会活动，形成广泛的社会关系后，农民工应当能够逐渐将自身原有价值观与当地人的价值观相融合，形成对新的社会群体的心理认同。这三个方面的条件构成农民工社会融合的三个层面，我们可以称之为经济层面、社会层面和文化心理层面，它们相互关联、依次递进（田凯，1995）。其中，经济层面的适应是农民工在城市立足的经济基础；社会层面形成农民工在城市生活的社会广度，是经济层面实现后的进一步要求，往往也是必然结果；文化心理层面的适应主要是精神上的，在经济层面和社会层面适应之后，经过一定的过渡期，一般能够顺利形成心理和文化的适应，形成农民工参与城市生活的深度，使农民工真正完成与城市的融合（朱力，2001）。

总体来看，我国农民工对城市的适应水平比较低，首先表现在其职业性质、收入水平方面相对于城市居民存在明显的差距。这种差距阻碍了农民工与城市居民形成正常的、平等的社会交往，从而也就难以形成心理上的认同和价值观的融合，甚至形成偏见和冲突。随着时间的推移，社会各界对农民工的城市融合问题日趋重视，农民工生产生活的条件也得到提高，但是总体上农民工在经济、社会和文化心理三个层面上的社会融合仍未实现。

二、社会排斥

农民工不能顺利融入城市社会，很容易形成进一步的社会排斥问题，我国农民工在城市的社会排斥问题已经引起各界广泛关注。以下我们将在社会融合问题讨论之后，进一步讨论农民工在城市的社会排斥问题。

一般认为，“社会排斥”概念最早是由法国人雷纳尔在1974年提出的，他认为“社会性地排斥”是指法国社会中一些人或群体未能被传统的社会保障体系覆盖，强调个体与社会整体之间的断裂。后来，社会排斥逐渐延伸为一个涉及贫困、失业等多维度的概念（安东尼·吉登斯，2003）。国内学者也对社会排斥的界定进行了研究。胡世慧（2008）认为，社会排斥是指某些人、家庭或社群缺乏机会参与一些社会普遍认同的社会活动，被边缘化或隔离的系统性过程。

社会排斥因其成因复杂、表现多样，很难有一个能涵盖全部的精确定义。一般认为，社会排斥包括经济排斥、政治排斥和文化排斥。然而综合起来看，社会排斥研究的核心是探究社会弱势群体在劳动力市场和社会保障体系两个主要领域受到主流社会排挤，从而日益游离于城市主流社会之外的社会问题，各方面的社会排斥会相互影响，进而恶性循环，形成严重的社会问题，使社会风险日益加大。

长期以来，我国城乡两大社会群体之间存在价值观、生活习惯、行为方式和思维方式等方面的巨大差异，这些差异的产生有城乡社会地位、生活习惯和文化环境等多方面的原因。新中国成立后，随着计划体制下超工业化战略的实施，城乡二元经济结构加速形成，突出表现为城乡二元的户籍管理制度。整个社会被分为农民和市民两个截然不同的子社会。两个子社会在生产方式、经济条件、社会地位等多方面差异悬殊，两个社会之间的流动渠道受到严格控制，其相互往来较少，因此尽管差距悬殊但很少产生矛盾和冲突。改革开放后，随着城市劳动力市场对农民的日益开放，农民进城务工形成了庞大的农民工群体，农民和市民两个原本社会差距鲜明的群体开始在一个共同的社会环境下交往。从而，两大社会群体差别鲜明的价值观念、生活方式和思维方式必然会产生摩擦、碰撞，甚至激烈的冲突。尤其是农民工进城之后，大多生活在相对封闭的环境内，与市民的交往受到限制，又强烈地保留着农村的社会生活特点，两大社会群体之间社会意识的沟通和融合速度极为缓慢，使社会排斥成为较为普遍的社会现象：不仅表现为政策上对农民工的种种限制和忽视，也表现为一些城市居民对农民工的蔑视和排斥。这进一步强化了农民工的对外排斥，形成恶性循环。

近年来，学术界对农民工面临的社会排斥问题的研究日益增多，主要研究成果如下：①从理论上，将社会排斥分析引入农民工问题研究，为农民工研究提供了新的视角，增强了农民工问题分析的深度，为农民工社会排斥这一重要社会现实问题找到了一个理论分析框架；②以户籍制度为重点，提出了在社会转型的特定历史背景下，对农民工的社会排斥问题如何从二元劳动就业制度和二元社会保障制度中衍生出来，在此基础上演化出经济、社会、文化、政治多维度的社会排斥问题；③深入探讨了农民工在全面的社会排斥中如何融入城市社会生活，如何在多层面上实现农民向市民的转变，以及实现乡土文明与城市文明的沟通与融合的途径方法等更广泛的研究范畴（韩佳宏，2008）。

根据天津市流动人口办公室与天津社会科学院2004年年底所作的流动人口调查（张雪筠，2007）发现，农民工与市民之间存在着双向的隔离，不仅城市居民对农民工存在着心理上的排斥甚至歧视，农民工也缺乏对城市居民的认同感和亲近感。调查显示，赞同“流动人口对城市社会治安带来问题”的城市居民占72%；赞同“流动人口影响城市环境卫生”的占70.1%；认为“社会的稳定比人口的自由流动更重要”的占75.4%；认为“流动人口素质较低”的占50.7%；认为流动人口容易“违法乱纪”的占40.4%。相反，认为“流动人口对城市发展做出贡献”的仅占55.6%，赞同“流动人口在城市受到了不公平待遇的”仅占26.5%；赞同“国家应当给在城市生活了很久的流动人口落户”的仅占28.5%。

总体来看，多数城市居民将农民工看做影响城市社会治安和社会环境的不利因素，并主张为了城市居民的利益要对农民工权利予以限制。

社会歧视是社会排斥的一种重要形式，不以能力、贡献、合作等为依据，而以诸如身份、性别、种族或社会经济资源拥有状况为依据，对社会成员进行“有所区别的对待”，以达到“不合理”的目的。其结果是对某些社会群体、某些社会成员形成一种剥夺，造成一种不公正的社会现象。

随着农民工大量涌入城市，城市中逐渐形成了城市政府部门、企事业单位、职工或市民对农民工的歧视，成为社会转型时期的一种新的社会歧视。这种社会歧视表现在各个方面，如就业领域的歧视、就业报酬的歧视、享受社会福利的歧视、行使政治权力的歧视、法律诉求与执法方面的歧视，乃至日常生活与社会交往各个环节的歧视。这些歧视的突出标志在于基于城乡身份的歧视，即农民工因其农民身份而受到城市社会成员的歧视（袁亚愚，1997）。

农民工遭受的偏见与歧视主要来自城乡二元户籍制度对农民的身份歧视（陆林，2007），这种社会现象在有关农民工的多项调查中得到了证实。李强（2001）的调查发现，仅仅是物质生活上的困难，农民可以忍受，他们最不能忍受的是城市居民对农民的“看不起”或“歧视”。但是，由于问题设计和调查对象的差异，对农民工在多大范围上受到了社会歧视的问题，不同调查给出的答案差异较大。例如，史清华等（2004）的调查显示 75.52%的农民工都受到过歧视，而李伟东（2006）的调查则显示只有 37.9%。

除了制度性因素，农民工受到社会歧视在一定程度上也与农民工群体自身素质有密切的关系。我国农民工受教育水平普遍比较低，2007 年数据显示，城镇职工平均受教育年限为 12.37 年，而农民工平均受教育年限只有 10.43 年。[①]现有农村劳动力中，只有 20%接受过短期职业培训，3.4%受到过初级职业技术教育，而接受过中等职业教育的仅占 0.13%，高达 76.4%的人没有接受过技术培训。有资料显示，只有约 20%的农民工掌握了一门技能或一门以上专门职业技能（金华宝，2006）。由于自身职业技能和文化素质较低，农民工也难以进入技术含量高、收入高的行业。

三、社会融合与社会排斥的两难

对于农民工而言，进城务工的根本原因在于巨大的城乡收入差距，进城务工的根本目的是提高收入，摆脱贫困。城市对于农民而言不仅是谋生之地，更是改变自身及其家庭与后代处境的希望之地。随着 20 世纪 90 年代以来我国城乡差距的加速扩大，城市对农民的吸引力也日益提高，更有越来越多的农民工已经在长期的城市务工生活中形成了对城市生活的依赖和对农村生活的疏离，越来越渴望融入城市社会，但他们面临的社会排斥依然严重。从社会层面来看，加速城市化进程，促进农民工融入城市生活也成为社会发展的战略任务。但在城乡二元体制问题尚未根本解决、城乡利益差别依然明显、市民和农民利益冲突逐渐显现的情况下，城市对农民工的社会融合与社会排斥问题成为一个两难选择。

来自多项调查的数据证实，农民进城务工使他们在收入水平、消费水平、生活状况、发展机遇、劳动条件等多方面较进城之前有了显著提高，外出打工挣钱胜过在土地里刨食已经成为农村居民的社会共识。许多农村家庭务工收入

① 参见中华全国总工会印发的《全国职工素质建设工程五年规划（2010—2014 年）》

已经成为其家庭总收入的主体。刘玲等对北京、上海、广州的农民工的调查显示，50%的农民工都希望继续在城市工作下去，有20%以上的农民工（广州达到46%）打算在城市买房子、安家立业，从而彻底成为城市居民（刘玲，2001）。另一项调查显示，几乎一半的农民工都希望尽可能长时间地留在现工作单位或城市（魏朗云，2001）。不难看出，融入城市生活、改变生活方式已经成为越来越多的农民工的美好愿望和长期目标。

然而，在这种愿望和目标背后，农民工面临来自城市的融合与排斥的两难困境。他们尽管已经工作生活在城市社会，但他们依然是贫穷的“乡下人”，他们对城市的认同并不能同等地换来城市对他们的认同（朱力，2002）。他们的希冀不断受到消磨，而失望、困惑和无奈却不断生长，他们徘徊在逃离城市和融入城市之间（张敦福，2000）。

一项访谈调查显示，尽管农民工希望长期生活在城市，但是他们对能否在城市长期生存下去缺乏信心，城市政府和普通市民仍然从各个方面将他们区分出来，城市社会并没有真正给予他们归属感（张应祥，2001）。在另一项调查中（田凯，1995），52.88%的农民工认为自己完全不是城里人，感觉自己“有一点是”城里人的占34.62%，而认为除了没有城市户口外已经跟城里人没有两样的人仅占到12.5%。可以看出，大部分农民工并不认为自己已经得到城市社会的认同。

但是，各项调查也显示出农民工对城市的认同仍然抱有希望，并且已经取得了一定程度的认同和亲近感。在调查中，当被问及如果失去工作会如何选择时，只有16.7%的农民工选择“马上回家务农”，而选择“无论情况怎样，都坚决留在城市”的占28.3%，选择先找工作，实在没工作再回去的占43.3%（胡书芝和罗忆源，2001）。尽管有些人在遭遇社会排斥的现实的残酷打击之后，会失去对城市的向往，选择“逃离”城市，但是大多数农民工还是不甘心再次回到相对贫困的农村生活，他们会在融入和逃离中徘徊挣扎。

在农民工融入城市社会的问题上，学术界已经形成了一些基本共识。首先，农民工融入城市社会的基本动力在于我国的工业化、现代化和城市化进程加速；其次，农民工融入城市社会不仅要提高自身收入，还必须进一步融入城市生活方式，建立新的社会交往网络，形成新的价值观和思维方式；再次，我国当前农民工融入城市的社会过程受到以户籍制度为代表的制度因素阻碍，也受到农民自身素质和城市居民歧视等多方面的非制度因素阻碍；最后，关于农民工融入城市社会的前景，在制度障碍消除之后，真正的融入仍是一个漫长、渐变的过程。

总之，农民工融入城市社会是我国社会经济发展的必然要求，这个过程是漫长的，也可能出现挫折，但社会各界应当积极行动，深刻理解这一过程的社会机制，多领域多层次积极行动，改革城乡分割的社会经济制度，消除城乡居民的技能素质差距，消除对农民工的不公平待遇，消除对农民工的社会歧视，扩大农民工的城市生活网络，促进城乡文化的交流沟通，从而缓解社会排斥，加速社会融合，将农民工融入城市社会过程中的挫折和冲突降至最小。

第二节　农民工的城市居住状况与问题

农民工进入城市，首先要解决的是居住问题，居住成本、住宅条件和居住环境是影响农民工在城市安居的重要因素。居住条件容量考察一定时间内城市能够为农民工提供且农民工有能力获取的住宅数量和质量。虽然 20 世纪 80 年代末，城市劳动力市场逐渐对农民工开放，但城市的住房保障体系仍然将农民工排除在外，而农民工较低的收入水平和城市住房价格的快速上涨也使他们难以进入城市商业住房市场。随着农民工数量的急剧上升，农民工在城市的居住问题日趋严峻，农民工的居住状况总体上令人担忧。近年来，社会各界对城乡差距和农民工权益问题重视程度的不断提高，改善农民工住房条件，已经成为保障农民工基本权益，促进农民工在城市的社会融合，加速城市化和维护社会稳定的一项重要措施。

深圳市国土资源和房产管理局较早展开了对城市暂住人口住房问题的专项研究，在名为“城市暂住人口住房问题研究”的项目中对深圳暂住人口进行了普查。在此基础上，参考 E. W. Burgess 有关住房研究的三市场“过滤”模型，分别对租金补贴模式、政府公共住房建造模式和发展商建设补贴模式进行了分析和讨论。研究认为，现行住房体制中包含了解决暂住人员居住问题的体制性障碍，应当逐步取消这些障碍，在经济适用房租住和住房公积金待遇等方面改善暂住人员城市住房状况。[①]

2005 年，建设部（现为住房和城乡建设部）首次将解决农民工住房问题列为工作重点之一，这使得解决农民工城市居住问题开始步入实质性阶段。2006 年 3 月，国务院公布了《关于解决农民工问题的若干意见》，其中将农民工住房问题作为重要的民生问题，强调多渠道改善农民工居住条件，并且将长期在城市工作生活的农民工的居住问题列入城市住宅建设发展规划，解决农民工城市居住问题成为各级政府重要的政策目标。此后，在 2007 年建设部对住房公积金的相关政策调整中，将农民工纳入了住房公积金系统，引起社会各界的广泛关注和积极评价，认为这是中国解决农民工居住问题、促进和巩固城市化进程的破题之举。同年 3 月，温家宝总理在十届全国人大五次会议开幕式上的讲话中强调促进房地产业持续健康发展，并将解决低收入家庭的住房问题放在了突出位置。

在 2007 年的“两会”上，民生问题成为各界关注的焦点。“两会”后各级政府也将解决民生问题提到了前所未有的高度，其中解决农民工的住房问题受到广泛重视，2008 年国务院政府工作报告中明确提出要积极改善农民工居住状况。改善农民工居住状况进入全面推进的新阶段。

一、国外相关研究与农民工居住条件现状

农民工问题是我国城乡二元户籍制度下出现的特殊人口迁移现象，国外缺少此类专门研究，只是在有关流动人口移民、低收入家庭住房问题等方面可以对国内农民工居住问题研究有所借鉴。中低收入人口的住房问题是国外住房问题研究的重要论题，一般并未严格区分本国中低收入公民与外来移民中的低收入者，而是探讨统一的解决方案。值得关注的是，发达国家和欠发达国家在解决暂住人口居住问题上的出发点和落脚点有所不同，这与不同国家对暂住人口的基本态度不同有关。欠发达国家暂住人口住房问题研究主要关注产生问题的

① 兆青 . 2005. 深圳《城市暂住人员住房问题研究》通过专家评审鉴定 . 城市规划通讯，(7)

原因和政府倾向，而对具体措施的研究相对缺乏。发达国家相关研究的重心则集中在如何解决暂住人口居住中出现的各种问题。

在城市的社会空间和人口迁移有关的研究中，Burgess（1935）的研究强调了社会经济地位的一种圈层模式，运用“入侵、演替和主导”过程描述了社会经济地位的一种圈层模式及其生态变迁过程。这种模式为大量的低收入移民迁移至高速发展的城市中所形成的城市居住空间的变化提供了一种理论解释框架。Rossi（1980）在其《为什么家庭会迁移》中研究了家庭的生命周期对人们迁居的影响，他认为生命周期循环带来家庭结构的变迁，进一步改变对住房的需求，迁居正是人们通过调整家庭住房来适应这种需求变化的过程。

对于进城农民工来说，居住问题的重要程度仅次于在城市的就业。然而目前，农民工的城市居住条件不容乐观，住房保障缺乏等问题严重阻碍了他们对城市的认同。现有的住房制度则形成农民工向城市迁移的反推力，对城市化进程和农村改革形成阻碍。只有“安居”才能“乐业”，多渠道采取措施解决其住房问题是农民工真正融入城市社会的关键。

从对国内不同省市的农民工居住情况的调查资料看，目前，农民工居住环境普遍存在居住面积小、环境差、配套设施不齐全、存在安全隐患等问题。

根据李松和綦群高（2007）对乌鲁木齐市暂住人口住房的调查问卷，乌鲁木齐市暂住人口住房面临的主要问题如下：①住房条件差；②住房结构失衡；③购买力较弱。乌鲁木齐市暂住人口住房条件（独立的浴室、卫生间、厨房、闭路电视、电话及供暖等）只有户籍人口住房条件的67%。对此提出解决问题的对策：安置区建设；逐步取消租购廉租房和经济适用房二元限制；完善住房保障体系。李松（2008）的进一步分析表明暂住人口贫民窟发生率的主要诱因是其人口特征，其次是其经济特征。根据陈雁雁（2008）对南京市青年务工农民居住状况的调查，目前，青年务工农民多以租房为主，环境差，由此引发居住隔离、城市归属感低等问题。根据吴清新（2009）对南京市的秦淮、白下、鼓楼、玄武、下关、建邺六个区的农民工住房保障情况的调查，与城市失业人员和低收入群体所不同的是，农民工的住房问题突出表现在住宿安全性差、卫生条件差、稳定性差等方面，这既降低了农民工的生活质量和水平，又在很大程度上造成了诸多安全隐患。在住房周边环境上，也存在人均居住面积小、通风采光不理想、通信设施缺乏、居住区域配套设施少等问题。

二、农民工住房来源

从住房来源看，农民工住房主要位于城乡结合部或“城中村”，集体宿舍、出租屋、临时窝棚、工作地是主要的来源。这种来源结构也决定了农民工住房面临的一系列问题。

国家统计局所作的《城市农民工生活质量状况调查报告》[①] 显示，我国城乡结合部或“城中村”已经成为暂住人口居住选择的主要区域，形成了低收入人口聚居的“民工圈”和相应的“社会链”。国家统计局的专项调查显示，简易集体宿舍是城市农民工的主要住所，居住了29.19%的农民工，另有20.14%的农民工居住在没有厨卫设施的住房里，住在工作场所的占7.88%，住在临时工棚中的占6.45%，在城市没有住所往返城郊或城乡之间的占12.54%。

黄卓宁（2007）的调查表明，农民工住房来源主要包括“员工集体宿舍”“出租屋”“借住亲友家”“借住亲友宿舍”“临时窝棚”“工作场所”“车站或街头露宿”“自购房”“廉价旅馆”“居无定所”这10种类型。不论是在“找到工作前”还是“目前状况”，租赁都是农民工最主要的住房获取方式，且半数的人租的是村镇的私人出租屋（49.5%），其次是“城中村”的私人出租屋（39.7%）。根据梁燕平（2008）对桂林市农民工居住状况和心理感受的问卷调查和访谈，农民工以租赁住房为主要居住形式，居住分布呈现高度聚集现象，与邻里的同质性强等。农民工主要的居住地点为“城中村”、城乡结合部、单位宿舍和棚户区。根据郝俊英与张煜浛（2009）在2007年10月对太原市农民工住房问题作的调查，租住“城中村”房屋的农民工占被调查人数的35.59%，住单位提供宿舍的占31.78%，居住自己购买的商品房的只占被调查人数的2.54%。国家统计局2006年“城市农民工生活质量状况专项调查”[②] 结果还显示：农民工一般几个人或全家人居住在20～30平方米的房子内，20.14%的人居住在缺

① 参见中华人民共和国国家统计局网站，农民工生活质量调查之二：生活与教育状况，http：//www. stats. gov. cn/tjfx/fxbg/t20061011 _ 402358719. htm，2006年10月20日

② 参见中华人民共和国国家统计局网站，农民工生活质量调查之二：生活与教育状况，http：//www. stats. gov. cn/tjfx/fxbg/t20061011 _ 402358719. htm，2006年10月20日

乏厨卫设施的房间里，室内狭窄拥挤、肮脏零乱。同时周边环境差，交通不便利。朱金楠（2009）通过随机抽样的方式对南京市六个城区的农民工住房来源调查表明，农民工购房比率为10.9%，农民工租房比率为54.7%，政府的廉租房仅为2.2%。

三、农民工住房面积与居住设施

根据吴维平和王汉生（2002）对北京、上海两地流动人口的居住水平进行的调查，流动人口的人均住房面积只有城市居民的1/3，超过2/3的流动人口住在无厕所、无厨房的住房里，近一半的流动人口对自己的居住条件不满意。黄卓宁（2007）在调查中发现，农民工人均住房面积为10平方米，近一半的人人均居住面积不到6.5平方米。若对比原建设部《2003年城镇房屋概况统计公报》[①] 所发布的城镇居民人均住房建筑面积23.67平方米的水平，那么只有不到10%的农民工人均住房面积达到了城镇居民的标准。严晓东（2007）对上海和北京流动人口的住房专项调查显示，多数流动人口人均住房面积不到城市居民人均住房面积的1/3。在深圳，许多外来工人均居住面积只有5平方米，在工厂宿舍居住的流动人口平均7.5人共用一间住房，非常拥挤。

农民工的住房设施脏、乱、挤、差是人们的普遍印象。陆强（2003）的研究显示，2002～2003年SARS期间，农民工感染率较高及农民工大量返乡的主要原因在于他们的居住环境太差，疾病传播快。李斌和王晓京（2006）在宁波所作的调查显示，农民工平均居住面积不足4平方米，主要以集体居住为主，住房简陋，设施缺乏，环境恶劣，居住伙伴多为同伴民工，以家庭形式在城市居住的农民工仅占23.3%。国务院研究室课题组（2006）《中国农民工调研报告》也认为"目前我国农民工居住问题上的矛盾十分突出。一些农民工居住的地方拥挤不堪，很多缺乏必要的卫生设施等，有的连基本的通风、透光条件都没有"。

黄卓宁（2007）调查了厕所、电风扇、冲凉房、厨房、阳台、电视机、衣

---

① 建设部综合财务司，建设部住宅与房地产业司．2004．2003年城镇房屋概况统计公报．中国住宅设施，(08)：1，2

柜、热水器、饮水机、电冰箱、洗衣机、空调等12种设施在农民工居住场所的拥有情况，并根据每项设施的经济成本和必需的程度将上述住房设施重新赋值，加总生成新变量“住房设施指数”，总分应为30分，但统计后发现有1/4的农民工的住房设施指数不超过5分。

彭钢和胡德春（2008）认为，人员拥挤、关系复杂、单位宿舍、工棚、工作场所甚至席地而居是当前农民工主要的居住方式，存在着面积小、环境差、生活配套设施少的特点。

第三节　农民工的城市医疗状况与问题

生活在城市中的农民工是一个特殊群体，他们为城市发展和建设做出了重大贡献，他们存在的本身就证明了城市的活力和发展潜力。但由于目前城市公共医疗卫生资源有限、公共卫生资源的配置在公平和效率上存在一系列问题，以及农民工缺乏最基本的社会医疗保障和救助体系，众多生活在城市和乡村夹缝中的农民工一旦遭遇重大疾病或人身意外伤害，等待他们的将是难以承受的高额医疗费和无奈返乡养病的命运。

截至2008年11月，中国农民工人数为2.3亿①，虽然农民工的绝对数量有所下降，农村剩余劳动力向城市转移的速度减慢，但中国农村劳动力向非农业和城镇转移仍是个长期的过程。由此看来，研究规模如此巨大的农民工的就医状况和城市医疗卫生资源能否容纳如此多的农民工显得格外重要。

一、农民工健康问题现状

目前农民工健康方面面临诸多问题，主要有以下几个方面。

1. 农民工总体健康状况不佳

根据成广明（2007）对晋中市榆次区农民工健康状况及结核防治知识所作

① 国务院新闻办公室．中国农民工数量为2.3亿．http：//www.mingong123.com/news/13/200811/e0662ce6a21a2a9f.html［2008-11-21］

的问卷调查，有65.82%的被调查者存在不同程度的健康问题，如受外伤，患呼吸系统疾病、肺结核、皮肤病等，并且各种疾病的患病率与打工时间呈正相关关系。可能的解释是，农民工的工作条件较差，工作时间较长，导致农民工长期处于慢性的疲劳状态。由于缺乏充分的医疗保障，加上自身忽视，容易积累形成各种慢性疾病，并提高严重疾病的发病概率。高向华和邢海燕（2007）对嵊州两家工厂的农民工所作的问卷调查也反映出农民工慢性病患病率较高。

2. 农民工面临较城市职工更大的职业危害

我国近10年来企业伤亡事故每年2万起左右，死亡近2万人（严征等，2005）。事故严重的行业是煤炭、冶金、化工、建筑、建材、机械等，而这些行业也正是农民工目前主要从事的行业。即使工伤事故给劳动者带来的痛苦只是暂时的，但职业危害却是在人们不知不觉中长期存在的。

3. 农民工缺乏自我保健意识

受经济条件限制和文化程度影响，农民工普遍缺乏生理与心理健康知识。李建华（2006）采用调查员询问填写的方式完成的沈阳市农民工健康状况及医疗需求调查显示，农民工中从来不参加体育锻炼和社会活动的占到75.7%，进城锻炼的仅占12.2%，两周患病率为19.5%。1年内，参加过体检的为22%，曾到医院就诊两次以上的占4.9%，存在就医困难的占26.8%。多数人生病会自己从药店买药治疗，由于收入关系多数人不愿意去医院。

4. 农民工心理健康被普遍忽视

农民工的贫困状况和与城市社会的疏离会造成其心理上的压力，长期积累会形成心理健康问题。这些问题不像生理健康问题那么容易被发现和诊治，所以常常被社会和农民工本人忽视。有关农民工心理健康的一些研究表明，当前农民工在心理健康方面存在较多的问题，如抑郁、焦虑、恐惧和人际关系敏感等。这些问题如果长期积累，得不到宣泄，不仅可能导致个体的精神痛苦和进一步的行为不当，甚至犯罪，还容易引发群体的社会心理动荡，造成严重的社会问题。蒋善等（2007）对重庆和浙江等地的农民工进行了精神状况自评量表的调查和分析，结果显示，农民工的心理健康问题十分普遍，许多人存在自卑封闭、被剥夺感、压抑、厌烦城市生活等一些心理问题。总体来看，对农民工心理健康问题的重视和研究仍十分不足。尽管部分研究揭示了问题的存在，但对问题的解决还缺乏充分的讨论，更缺乏有效的途径。

5. 农民工享有医疗设施和卫生服务水平低

浙江卫生经济学会2006年对杭州市农民工及失地农民医疗保障状况调查显示：在杭州市，外来农村流动人口对医院服务的利用率大大低于当地居民，11%的人患病后不采取任何措施，65%的人患病后采取自我医疗，因为花费较低；24%的人患病后虽去就医，但其中48%的人利用基层卫生机构或私人诊所提供的服务，只有在疾病严重时，才会去高层级医疗机构。被调查的930名农民工中使用住院服务的有64人，住院就诊率为6.9%，年人均住院次数为0.08次。杭州市农民工人均医疗总费用为421.32～1302.70元；例均总医疗费用为697.58～1617.84元，其中男性例均总医疗费用为698.05元，女性为697.12元，两者没有统计学上的显著性差异（$P=0.995$）。在难以承受的“天价医疗费”面前，农民工不得不选择返乡看病，返乡看病其实还是无法从根本上解决农民工看病难、看病贵的问题的。

6. 农民工参与医疗保险水平低

由于收入较低，缺乏必要的医疗保障，农民工整体上对医疗服务的经济承受能力很低，这是农民工倾向于自我医疗和非正规医疗机构就诊的主要原因。尽管医疗保险是解决个体医疗费用问题的重要途径，但是目前农民工参加医疗保险的比例很低，相应地对医疗保险所覆盖的卫生服务的利用率也较低（严征等，2005）。目前，农民工参加的主要医疗保险仍然是在农村广泛开展的新型农村合作医疗（简称新农合），尽管相关研究显示，农村合作医疗从筹资公平、服务提供公平和健康公平等方面看，的确提高了农村居民保障水平（李晓燕，2008）。但是，农民工在城市的医疗保障难以通过新农合得到解决，且新农合的保障水平较居住在城市的农民的医疗成本而言远远不够，加之农民工的流动性和跨区域接续问题的存在，农民工参加和享受公共医疗保障体系服务的范围和水平都十分有限。

二、农民工医疗保险状况

我国农民工医疗保险的发展演变大致经历了三个阶段（姜晓斌，2008）。第一阶段，20 世纪 80 年代末至 90 年代中期，农民工医疗保障薄弱，相关政策尚未出台。80 年代末，随着我国沿海地区的开放和对劳动力流动的限制开始松动，农村剩余劳动力开始向城市流动，内陆贫困地区劳动力开始向沿海地区流动，但这一流动群体基本处于没有医疗保障的状态。当时可供农民工选择的医疗保险很少，曾经的农村合作医疗在我国大部分农村地区已经名存实亡，而商业医疗保险发展也刚刚开始，保费较高，且保障内容和形式很不完善。因此，农村合作医疗和商业医疗保险覆盖的农村人口很少，而农民工则更是处于医疗保险的真空状态。

第二阶段从 20 世纪 90 年代末到 21 世纪初，农民工流动形成规模，“民工潮”现象出现，在沿海农民工集中地区开始出现了针对农民工（或称为外来务工人员）的医疗保险试点。在这些地区，农民工比例较大，也对当地的社会经济发展做出了重要贡献，针对农民工的医疗保险探索也就走在了全国的前列。实行农民工相关医疗保险政策试点比较早的有深圳、厦门、珠海、东莞等。其主要形式是采取大病统筹和统账结合两种形式将农民工纳入既有的城镇医疗保险体系。这些探索为沿海其他地区乃至全国的农民工医疗保险的改革探索提供了有益的经验。

第三阶段为 2002 年至 2008 年，这个时期农民工的生活状况与权益保障问题成为国家和社会关注的重要民生问题，对农民工的医疗保险政策的试验探索扩大到全国范围，各级政府逐渐将农民工的工伤、医疗、养老等社会保障问题纳入了相应的政府规划。2002 年之后，北京、深圳、上海、浙江、成都、齐齐哈尔、大连等地都对农民工的医疗保险提出和推行了不同的改革措施，有的纳入了灵活就业人员医疗保险，有的纳入城镇合作医疗，有的对新型农村合作医疗政策进行拓展，还有其他多种形式的综合模式。2006 年 5 月，劳动和社会保障部颁发了《关于开展农民工参加医疗保险专项扩面行动的通知》，其中提出了“农民工医疗保险”，将农民工这一特殊社会群体的医疗保险问题在全国层次上统一考虑。

目前，各地试点中的农民工参与医疗保险的形式主要有以下几种类型。第一类是城镇医疗保险纳入模式，即在劳动保障管理体系既有的医疗保险模式中，把农民工群体纳入进来，主要形式如下：①大病统筹医疗保险模式。目前，北京及一些沿海发达地区采取了这种模式。②统账结合医疗保险模式。厦门等地采取了这种形式。③灵活就业人员医疗保险模式。这种模式在山东、浙江、黑龙江等省份的部分城市试行。④综合保险模式。上海和成都试行的是这种模式。第二类是农村医疗保险纳入模式，其主要特点是仍将农民工纳入现行的新型农村合作医疗保险政策中，浙江的部分地区采取了这种模式，2005 年深圳试点也主要是这种方式。第三类是城乡医疗保险一体化模式，即将城镇和农村医疗保险纳入同一管理体系，该体系覆盖农民工。江苏镇江主要采取这种模式。

总体上，我国农民工医疗保险的基本情况仍不容乐观，参保比率低，农民工获益少，政府支持力度不够，集中体现为现行医疗保险制度设计上的不足，存在不能满足农民工的医疗保险需求、属地管理原则难以实现保险关系的转移与衔接、缴费费率设定明显偏高、缺少相应立法、国家资金投入不足、对农民工参加医疗保险的监督形式化等问题。同时，农民工缺乏医疗保险意识、企业不愿为农民工缴纳医疗保险费也是参保率低的重要原因。唐贵忠和钟晓妮（2008）对重庆 6 区 884 名农民工进行的调查显示，45.53％的农民工未参加任何医疗保险，参保者中有 95.37％参加的是新型农村合作医疗，未参加新型农村合作医疗的 417 人中，有 48.2％的人没有听说过，有 26.38％的人回答因在城市务工未能享受，有 62.53％的人不愿自行缴纳医疗保险。

我国农民工医疗保障面临困境的根本原因，应该归于城乡二元社会经济体制遗留的城乡二元医疗保险体制，以及医疗保险的属地化管理。农民工这一特殊群体的出现，使他们处于原有城镇职工医疗保险体系和新型农村合作医疗体系的空隙中。由于农民工的特殊生活工作状况，尤其是其流动性，这两种保险体系均无法充分保障农民工的基本医疗需求。异地医疗保险标准不一、难以接续，也是农民工医疗保障的重要障碍，各地探索的多种农民工保障模式进一步强化了异地接续的复杂性。

西方发达国家和部分发展中国家在各自特定发展阶段中也曾出现过类似的城乡过渡性迁移群体，它们在这类群体的医疗保障制度安排和具体措施上有一些成功经验。这些国家解决迁入低收入群体医疗保障问题主要是在原有医疗保险体系框架基础上逐步吸纳，并及时通过立法予以确认和规范。但是由于我国的经济与社会体制的转轨问题较为特殊，农民工群体也有一些不同于国外城乡迁移人口的重要特征，难以直接借鉴国外的相关经验。因此，我国解决农民工医疗保障问题目前仍然是需要深入讨论，多方试验，但还难以拿出一揽子解决方案的社会难题。

第四节　农民工子女城市教育状况与问题

子女教育问题是农民工在城市长期稳定居住的一个重要影响因素。近年来，越来越多的农民工已经由孑身一人进城务工转为全家进城，子女教育问题就成为他们能否在城市长期稳定居住的一个重要因素。农民工过快地涌入城市会导致城市教育资源的骤然紧张，对城市居民既有利益产生强烈冲击，所以农民工子女教育问题在加速城市化的过程中成为容易引起社会关注的问题。

根据 2004 年"我国现代化进程中人口迁移流动与城市化学术研讨会"公布的相关资料，我国流动人口中，年龄 18 周岁以下的接近 2000 万人。2003 年国务院妇女儿童工作委员会和中国儿童中心开展的"中国 9 城市流动儿童状况调查"所得数据显示，流动儿童的受教育状况明显低于所在城市水平，其中有近 10%的适龄儿童未能入学，农民工子女接受义务教育问题已经成为影响社会公平和长期发展的重要社会问题。

一、农民工子女受教育途径

目前，流动人口子女上学的主要渠道有以下 5 种：①在城市公立学校借读，这是目前农民工子女上学的主要形式；②在一些私立学校和民办学校就读；③在民助公立（或私立公助）的学校就读；④在流出地政府在流入地设立的学校中就读；⑤在农民工子弟学校就读。近年来，已经有学者对农民工子女就读公立学校和简易学校的相关问题展开了一些研究，突出的问题在于户籍制度限制和高昂的借读费对农民工子女接受教育十分不利，这使得许多农民工子女只能在软硬件设施都十分不足，甚至未能纳入全民义务教育范围的农民工子弟学校就读，使农民工子女的基本受教育权利失去保障。就读公立学校的城市农民工子女除了面对高于当地户籍人口子女的学费之外，还可能在生活学习各个方面受到学校、老师和同学的歧视、排斥和不平等对待。在这个问题上，学者们首先关注的是社会公平，呼吁保护弱势群体子女的基本权利，防止贫困的代际传递，其次是呼吁加大对农民工子女教育的财政投入，再就是对农民工子弟学校的扶持、规划和管理。

二、农民工子女学校教育的现状

流动人口子女接受义务教育是他们与其他少年儿童一样所享有的一项由国家提供和保障的基本权利，通过这种教育保障，每个儿童都有机会实现自身的全面自由发展。但是，在目前的农民工子女教育问题上，这种基本权利在入学机会、升学条件、平等教育身份、教育救济等方面受到了不同程度的损害（项继权，2005）。这些问题已经引起政府、社会和学术界的广泛关注。

当前农民工子女学校教育存在的主要问题如下：不能适龄入学及失学问题严重；入学、就学过程中的不公平问题明显；进城务工就业农民子女的频繁流动打乱了学校既有的教育教学及管理秩序；不同地区教育内容的衔接问题日益突出；简陋的农民工子弟学校与大量的低成本入学需求成为政府管理上的难题。中央教育科学研究所教育发展研究部课题组（2007）的研究表明，农民工子女面临的学校教育的不公平会带来弱势地位的代际传承。

农民工子女学校教育面临的问题反映了农民工的被排斥状态，这种排斥首先是制度层面的。由于城乡二元户籍制度的存在，首先就在城乡居民身份上做出甄别，这种甄别与各种入学升学条件相结合，就形成了对农民工子女就学的身份歧视。其次，国家财政教育经费的投入不足也在一定程度上造成学校将教育成本向农民工家庭的转嫁，这是在教育的现有财政投入体制、城乡二元与属地分割户籍制度相结合的背景下，城市教育体系歧视和排斥农村和外地人口子女的具体体现。农民工子弟学校是在这种排斥下的无奈选择。

三、农民工子女家庭教育

任何社会中，家庭教育始终是教育机制中的重要环节，但农民工子女的家庭教育问题在较长时期内被忽视了。近年来，一些关于留守儿童境况的报道逐渐引起社会各界对农民工子女家庭教育的关注。一些学者也开始对农民工子女家庭教育的现状与问题，以及相应的解决对策展开讨论和研究。

目前，城市农民工子女家庭教育存在的主要问题如下：家庭教育环境、条件差；家长文化素质偏低，家庭教育观念落后；家长忽视家庭教育，家庭教育与学校教育不协调；社会对农民工子女家庭教育关注太少（沈茹，2006）。造成农民工家庭教育现状的因素很多，从内部看，家庭收入、是否与父母居住、父母职业、父母的文化素质、父母劳动时间等都有重要影响。一般情况下，农民工家庭的收入水平较低，在物质上难以为子女成长提供很好的环境。而父母的职业、文化素质和劳动时间会直接影响农民工子女接受家庭教育的时间、质量和内容倾向，从事非正规职业、劳动时间长、文化素质低的农民工父母往往会缺乏时间、精力和方法对子女进行有效的家庭教育。尽管他们在心理上大多都十分重视子女教育，对子女教育的期望也非常高，但往往也会有较高的功利性。这种较高的期望与不利的教育条件会使农民工子女的家庭教育呈现出较多的挫折和矛盾，进一步削弱教育效果。从亲子关系角度看，农民工家长在家庭教育中的权威地位较传统家庭大大削弱，时间和精力的限制也减少了亲子互动的机会，这虽然有助于农民工子女较早地形成独立自主的能力，强化家庭内部的民主化，但这以农民工家庭的幸福感下降为前提，也使家庭作为农民工子女的精神寄托的功能大大下降。

四、农民工子女社会教育

由于收入和时间等多方面因素，农民工作为父母难以充分实现对子女的家庭教育，所以其子女一旦到达适学年龄，他们非常希望学校和社会能够承担起几乎全部的教育职能。这就给学校教育和社会教育赋予了过多的压力，家庭教育与学校和社会教育的配合往往会落空。在此背景下，农民工子女的家庭、学校与社会教育如何结合的问题成为一个新的社会难题。

由于农民工处于城市社会的边缘，并没有真正融入城市社会，所以城市社会难以真正承担起农民工子女社会教育的功能。多数情况下，农民工家庭在城市生活在相对封闭、自身特色鲜明的社区环境内，这种独特的社区环境会对农民工子女产生重要影响，形成独特的社会教育效果。但总体上，这种社会教育会将农民工面临的社会歧视和社会排斥，以及农民工对城市社会的负面心理反应继承传播下去，加深农民工子女与真正的城市生活的心理隔阂，不利于农民工子女的健康成长。由于城市社会对农民工子女教育的忽视，以及家庭教育、学校教育和社会教育的脱离，城市多元文化和社会媒介环境也给农民工子女带来繁杂无序的精神冲击，使教育效果产生更大的不确定性。

因此，要解决农民工的子女教育问题，应当提高农民工的收入、改善工作与生活条件，为农民工子女的家庭教育创造条件；继续改革和完善城乡义务教育体系，充分保障农民工子女接受义务教育的基本权利；改革户籍制度，消除城乡身份歧视，缓解城市化中的社会歧视和社会排斥，改善农民工子女的社会教育环境，最终实现农民工家庭教育、学校教育和社会教育的紧密配合，消除在各方面同城市居民子女教育的差距。

第五节　农民工对城市社会治安的影响

农民工大量进入城市成为城市经济的重要支撑，但其低收入、高流动、低文化素质等特征也使得其对社会秩序产生一定的负面影响，这成为城市吸纳农民工的一项重要障碍。农民工对城市社会秩序的影响是多方面的，包括文化环境的影响、生活环境的影响、社会治安的影响，等等。其中，文化生活等方面的影响较为复杂但表现平缓，而对社会治安的影响则是社会关注的重要焦点，也是我们关注的重点。

一、城市犯罪中农民工比例显著上升

20 世纪 90 年代中期，农民工进城后在工厂、企业（包括建筑工地）打工的较多，而进入 21 世纪后，工厂、企业容纳和吸收的农民工接近饱和，一些农民工迅速充实和渗透到其他领域，其职业类型发生了较大的变化，特别是有许多农民工深入城市居民社区中，从事贩卖、装修、搬运、清洁、家政等工作，这样，他们在街道里巷中频繁出现，致使街道里巷的犯罪现象比以前有了较大的增加。在城市某小区中，如果有一户民居遭到侵入，则可能在整个社区造成居

民的心理恐慌，从而影响到该社区成员正常的工作和生活（张宝义，2005）。从某种程度上来说，无论是城市居民还是农民工在这一过程中都是受害者。

赵树凯（2001）所作的研究显示，农民工犯罪在城市犯罪中的比例呈显著上升趋势，成为城市社会治安和公共管理面临的严峻问题。根据北京市的统计数据，在全市处理犯罪人员总数中，外来流动人口犯罪在1988年占23.3%，而1985年为9.28%，1980年仅为3.41%。在1995年以来处理的刑事案件中，外来流动人口作案的占近50%，而1998年破获的所有刑事案件中，涉案外来人员11 028名，占62%。

上海市1984年、1988年、1990年、1992年、1993年和1995年的刑事犯罪案件中，外来流动人口案犯分别占案犯总数的10.8%、29.9%、33.3%、43.7%、53.6%和51%（徐志林等，2004），1989～1998年，上海市流动人口犯罪所占比例已经从31.4%上升至58.0%（王桂新等，2006）。广州市在1994～1998年，流动人口犯罪人数占总犯罪人数的比例也从69.23%上升至77.09%（章礼明，2001）。而深圳市自1996年以来，流动人口犯罪占总犯罪嫌疑人数的比例一直维持在97%以上（李晓青和汪国华，2006）。

二、农民工影响城市治安的主要原因

为什么在乡村遵纪守法、勤劳致富的农民，进城后却会出现违法犯罪问题？为什么农民工在城市会成为易犯罪人群？学术界近期研究倾向于认为农民工犯罪是基于特定的社会条件产生的，与二元制社会结构，工业化、城市化的进程，城市管理机制密切相关，社会的变迁与文化冲突给农民工提供了犯罪的契机，农民工犯罪是多种社会因素作用下的产物（廖秀健等，2009）。我国城乡二元体制形成的二元社会结构、社会不平等和贫富差距是农民工城市犯罪的制度根源。

农民工犯罪的原因主要表现为三个方面：一是迷失在“融不进来、走不出去”的城市边缘；二是挣扎在文化排斥与制度障碍的底层；三是彷徨在教育公平与放任自流之间。在较低的文化素养、淡漠的法制观念下，面对过高的物欲追求、残酷的现实境况、悬殊的城乡差距、脆弱的承受能力、艰难的就业环境、空泛的保障机制，农民工群体容易形成对社会秩序的危害（朱志峰等，2008）。

由于户籍身份、文化水平偏低等因素，多数农民工在城市只能从事地位很不稳定的“非正规工作”，其不正规表现有无正规劳动合同、收入水平低下、劳动环境恶劣、缺乏劳动保护等。20 世纪 90 年代中期以来，随着失业人员的增多，城市就业形势更趋严峻，许多城市纷纷限制无本地户口的劳动力进入本地劳动力市场，农民工自然成了被排斥对象。由此，农民工在劳动力市场上的边缘地位使他们面临很高的失业风险（窦宝国和李瑞祥，2009）。二元用工制度和二元劳动力市场不可避免地加重了城市居民对进城农民工的歧视，使原有城乡隔离下城乡居民的不平等显性化（田凯，1995），并使农民工明白地意识到这一点。

农民工在城市的就业情况及由此决定的收入情况是影响农民工城市犯罪的重要因素。

犯罪学家的研究表明，失业与犯罪之间存在着相当大的关系，失业率每增长 1%，犯罪率就增长 5.7%（徐天合，2009）。陆晓婷（2009）根据最高人民法院对 2005～2006 年农民工犯罪案件进行调查研究发现，犯罪农民工大部分未就业。犯罪农民工就业情况调查中无业状态的占 81%，工作状态的仅为 19%，而且涉案人员中有失业经历的也多达 80%。

大多数城市外来农民工收入水平低。收入偏低，生活得不到保障，这是诱发农民工犯罪的经济原因。据陆晓婷（2009）调查，近七成农民工月收入在 800～1000 元，近两成农民工月收入不足 800 元，只能维持日常生活，只有少数能拿到 1000 元以上工资。农民工被限制在收入低、工作环境差、待遇差、福利低劣的“次属劳动力市场”。其生存环境持续恶化，致使一些农民工做出越轨与犯罪行为，从而导致农民工的犯罪率不断上升（魏万青，2008）。

杨高峰（2008）对广州“城中村”中农民工犯罪问题的研究显示，农民工犯罪是以获取一定的经济利益为主要目的的侵财型犯罪为主，如盗窃罪、抢劫罪、抢夺罪等。相关统计调查显示，1999 年广州市查获的进城农民工犯罪行为人当中，实施盗窃犯罪的进城农民工犯罪行为人占全部进城农民工犯罪行为人的 38.94%，实施抢夺犯罪的进城农民工犯罪行为人占 28.39%，实施抢劫犯罪的进城农民工犯罪行为人占 14.03%，实施诈骗犯罪的进城农民工犯罪行为人占 3.68%，4 项合计达到了 85.04%（王智民，2001）。这一客观事实充分说明，大多数进城农民工实施刑事犯罪行为的主要目的还是攫取非法财富。他们企图通过盗窃、抢夺、抢劫和街头行骗等原始传统的犯罪方式来实现增加收入、摆脱生活窘境的愿望。

除了以上原因，作为弱势群体，农民工在城市的合法权益容易受到侵害也是其犯罪的重要原因。当农民工的权益在城市受到侵害时，大多数农民工采取了委曲求全和忍气吞声的方式处理。虽然也有一些人能够通过社会调节、行政申诉和法律程序等方式妥善解决，但仍有极少数人由于无法通过合法渠道获得解决，从而采取极端的犯罪方式解决问题或宣泄不满，以此来实现自我救济。由于农民工总量越来越大，尽管比例极小，但所产生的犯罪活动绝对量在总体规模较小的人口犯罪中就格外显著。由于自身权益受到侵害引发的农民工犯罪主要集中在农民工工资和安全得不到保障的情况下，特别是讨薪犯罪情况较多，如受到学者关注的“讨薪死囚”现象（初英智，2005）。对此类现象，一些学者提出了“自我救济式犯罪”（王玉叶，2002）、“私力救济式”犯罪（尹明灿，2006）等概念。这种犯罪可能发生的情况主要有三种：一是农民工拿不到工资则纠集工友同乡讨薪，遭到拒绝后转化为斗殴或抢夺行为，形成侵害公私财产罪、聚众斗殴罪或故意伤害罪；二是农民工拿不到工资转而盗窃工作单位产品、设施、原料等变卖，构成盗窃罪；三是以暴力对雇主或其亲属进行报复，严重者会酿成故意伤害、故意杀人、抢劫或绑架等犯罪。

农民工增加了城市社会的不稳定因素，占用了城市中有限的公共资源，既使得城市缺乏安全感，又使得农民工不为城市所接纳，受到当地人和政府管理部门的歧视和排斥（王春光，2001）。市民对农民工的社会排斥和不友好态度所诱发的农民工对城市居民群体的不认同甚至怨恨、歧视导致农民工就业环境恶化，而就业环境的恶化又导致更多的冲突，这又使城市居民对农民工的隔阂加深。

总之，较低的群体素质并非必然产生破坏社会秩序和影响社会稳定的越轨行为。应该说，部分农民工破坏社会秩序和社会稳定行为的根源是城乡二元体制的存在。这种现有的体制框架未能为农民工群体提供一个稳定、安全、公平的生存空间，使农民工在城市社会中合法权益得不到有效的维护。从近几年出现的农民工犯罪具体情况来看，很多原因并不完全在于他们的贫穷，而是与他们受到不公平的待遇和身份的不被认同有着很大的关系，城市的这种群体性偏见与歧视伤害了农民工的人格和尊严，也阻止了他们与城市居民的交往与互动；心理上的伤害和交往的缺乏使他们无法建立起对城市居民的信任，无法融入城市主流社会和主流文化，成为游离于城市社会之外的边缘群体，生活在城市的底层（张勇濂，2008）。

第六节　城市农民工的社会容量子系统

一、农民工社会容量的性质与含义

对农民工社会容量的性质与含义的界定取决于研究的目的。在中国当前所处的工业化中期农村剩余劳动力和农村人口需要快速向城市转移的背景下，农民工的社会容量是指以农民工形式转移的劳动力能够为城市社会经济体系所接纳，既不至于造成城市的社会紊乱，也不会导致进城农民工自身境况相对于其在农村时绝对恶化。

长期而言，任何社会子系统都具有一定的自我调节适应能力，至少对于目前中国农村剩余劳动力总量而言，不存在一个长期的、绝对的所谓城市社会吸纳农民工的阈值。任何限制都将随着时间的推移、技术的进步、经济的发展、社会的交往、城市的扩张等而逐渐得到解决，直至城乡之间劳动力流动的引力和推力达到均衡。因此，所谓城市农民工的社会容量必然是短期的，实际上“农民工”这个群体本身就是极特殊历史条件下的特殊短期现象。

短期内，农民工大量涌入城市会对城市社会资源和社会秩序造成冲击，不仅对城市社会的稳定造成损害，也会危害到农民工自身的权益。因此，有必要对一定时期内进入城市的农民工规模有所估计，并加以引导调控。与时间相联系的、保障城市社会秩序和农民工权益的农民工进城规模就是我们所考察的农民工社会容量。

从社会角度看，农民工进城对城市社会造成的影响是多方面的，既包括对农民工进城后的衣食住行等基本生活产生的影响，也包括对城市社会文化、心理等精神层面的影响。但从本书的研究目的看，农民工进城对城市社会的长期、潜在且难以测度和控制的因素不是研究重点。重点在于那些影响较大、易于调查测度、能够通过政策调控的因素。综合文献研究和对城市农民工社会生活的调查，笔者认为可以从五个主要方面考察城市农民工的社会容量：①城市就业容量；②城市居住容量；③城市教育容量；④城市医疗容量；⑤社会治安容量。其中，城市就业对农民工的容量尽管是重要的社会问题，但却是城市对农民工经济容量的重要内容，本部分不再专门论述。

二、城市居住容量

农民工进入城市，首先要解决的是居住问题，居住成本、住宅条件和居住环境是影响农民工在城市安居的重要因素。城市居住容量（H）考察一定时间内城市能够为农民工提供且农民工有能力获取的住宅数量和质量。各地农民转市民试验表明，政府主导的转市民工程中住房安置是财政负担的主要内容，是转市民试验不能推广的硬约束。将转城农民工宅基地与其所置换的城市建设用地的地价差额全部用来解决转城农民工的住房安置，也是远远不够的，并会带来新的问题，这基本上否定了政府全责解决进城农民住房的方案。

因此，农民工的城市居住容量应当从政府扶持能力和农民工自身收入两方面约束考察。具体可以按照以下步骤测算。

（1）测算城市当前基本生活所需住宅面积与基本设施，从而测算农民工人均住房成本 C_h。

（2）根据农民工平均收入水平与收入构成测算农民工人均住房支付能力，即农民工自己承担的部分 S_h。

（3）根据城市财政支出预算确定能够用于扶持农民工居住问题的资金规模 F_h。

（4）计算财政扶持规模可以资助的农民工数量，即农民工的城市居住容量 H，

$$H=\frac{F_h}{C_h-S_h} \tag{3-1}$$

三、城市医疗容量

城市医疗容量（M）主要指一定时期内城市为农民工提供正常医疗卫生服务的能力。目前，我国医疗卫生资源分布不均、医疗费用居高不下、医患矛盾突出等问题依然严重，城市医疗卫生体系容量十分有限，农民工进城速度过快对医疗卫生体系的冲击可能是一个重要隐患。因此，城市医疗容量问题十分重要。

根据目前我国的医疗卫生体制，当前医疗资源的多寡不是农民工城市医疗容量的关键。当前的医疗服务体系本身已经市场化，且存在医疗费用畸高、医疗服务信息严重不对称、医患信任缺失等严重问题。因此，不仅进城农民工，而且城市居民也主动抑制了对城市医疗资源的购买。当前体制下，城市医疗需求的增加可以（实际上已经）通过降低现有医疗资源的服务质量和增加医疗机构（尤其是民营医疗机构）的方式解决。相对于城市居民，进城农民工享有城市医疗资源存在困难的原因除了自身收入问题外，关键在于农民工未能融入城市医疗保障体系，而这又受制于公共财政。

因此，现阶段所谓农民工的城市医疗容量实际上就是城市财政能够为进城农民工（及其家庭）提供基本社会医疗保险的能力。具体可以按照以下步骤测算。

（1）计算城市居民基本医疗保险所需的人均政府财政成本 C_m。

（2）计算财政预算能够提供的农民工医疗保险补贴专项资金 F_m。

（3）计算财政补贴能够解决基本医疗保险的农民工数量，即农民工的城市医疗容量 M，

$$M=\frac{F_m}{C_m} \tag{3-2}$$

四、城市教育容量

城市教育容量（E）主要指一定时期内考察城市教育资源对农民工子女就读幼儿园、小学、中学数量的能力。子女教育问题是农民工在城市长期稳定居住的一个重要影响因素。农民工过快地涌入城市会导致城市教育资源骤然紧张。

2005年郑州市探索取消户籍制度的政策就因教育等公共资源的紧张而不得不调整。

从我国目前的教育体制和农民工生活状况看，农民工子女的学龄前教育主要有跟随老年人留守农村和跟随父母两种方式，对城市幼儿教育资源基本上没有影响。而职业教育和高等教育对于农村居民和城市居民来说没有明显的差异。因此，农民工的城市教育容量主要是城市中小学教育资源所能承担的农民工子女规模。具体可按以下方式测算。

（1）测算农民工人均中小学适龄子女数量 N_e。

（2）测算城市财政对中小学教学资源的人均支出成本 C_e。

（3）计算财政预算能够为农民工子女教育提供的专项教育投入 F_e。

（4）根据新增专项教育投入形成的新增教育资源能够容纳的农民工子女数量，计算农民工的城市教育容量 E，

$$E=\frac{F_e}{C_e g N_e} \tag{3-3}$$

五、城市治安容量

农民工进城对城市治安造成的影响可以直观地通过城市刑事犯罪案件中农民工涉案率体现。在这方面面临的城市容量（O）不是单纯的成本计算问题，不能以治安案件上升对财政支出的影响来衡量，而应当通过经验归纳和主观判断的方式对刑事案件发案率确定一个阈值。具体测算办法如下。

（1）根据经济与文化条件相似的城市刑事案件发案情况计算，或者由社会权力机构（如党委、人大、政协）等主观制定城市刑事案件发案率阈值 L_o。

（2）调查测算现阶段城市刑事案件农民工涉案率 I_o。

（3）计算城市治安容量 O，

$$O=\frac{L_o}{I_o} \tag{3-4}$$

六、城市社会容量

考虑以上各主要因素，总体评价农民工进城的城市社会容量需要在以上测

算基础上进行综合，得出某城市农民工社会容量的综合指标（S）。根据解决农民工社会容量问题的财政支出的性质不同可以有以下两种综合方式。

（1）各专项资金之间不可各自独立。在这种情况下城市的农民工社会容量取决于前三项专项资金能够支撑的最小容量与城市治安容量之间的较小值。即

$$S=\min\left(\frac{F_h}{C_h-S_h}，\frac{F_m}{C_m}，\frac{F_e}{C_e g N_e}，\frac{L_o}{I_o}\right) \tag{3-5}$$

（2）各专项资金之间可以流通，或者不分专项，仅制定扶持农民工进城的总预算资金规模。在这种情况下，城市的农民工社会容量取决于全部资金按三项因素能够提供的容量与城市治安容量之间的较小值，即

$$S=\min\left(\frac{F_h+F_m+F_e}{(C_h-S_h)+C_m+C_e g N_e}，\frac{L_o}{I_o}\right) \tag{3-6}$$

显然，第二种情况一般比第一种情况能够容纳更多的农民工进城，但对资金的管理和部门之间的衔接提出了更高的要求。

第四章 城市吸纳农民工资源子系统的构建

近年来，随着城市化水平的提高、城市吸纳农民工数量的增多，许多城市在我国工业化和城镇化快速发展的同时，已成为资源短缺、环境污染、生态破坏等问题高度集中的地区。而且城市生态环境状况总体恶化的趋势还在继续，并在短期内集中爆发，已威胁到区域乃至国家的安全和可持续发展。城市容量的资源问题呈现出显著的系统性、区域性、复合性和长期性特征，集中表现如下：城市人口拥挤；城市建设用地迅速扩张，大量耕地被占用；城市热岛效应面积与市区建成面积呈同步扩大趋势；“水质性缺水”现象普遍，水资源日益短缺，水环境污染呈现流域性蔓延态势，城市河段水质污染严重；城市大气环境污染呈区域复合态势；土壤污染严重，持久性有机物污染越来越突出；固体废物堆积，无害化处置比率低，资源化利用水平不高；环境健康问题日益突出，令人担忧；地质灾害频繁发生；沿海地区河口及近海污染严重，赤潮频发。此外，城市的飞速发展已经从根本上改变了区域原有的景观格局和地表结构，从而严重威胁到地区的生物多样性等。同时，城市的形成发展过程必然伴随着城镇密度提高、产业集聚发展、公路等交通运输网络形成等现象，这些现象又不可避免地会引起资源过度消耗、生态破坏、环境污染等问题（刘晓丽和方创琳，2008），亟待对城市容量资源子系统进行研究。

第一节 资源系统研究进展

20 世纪以来，虽然国内外学者关于土地资源、水资源及环境等单要素承载力的研究较多，但对城市容量的资源系统进行综合性研究和评述的成果不多。值得注意的是，当前众多研究一般把城市容量的资源系统称为资源承载力，本部分研究的重点亦是城市资源的承载力。

20世纪70年代末以前，国外对资源承载力的研究主要集中于土地、水或以生态环境为基础的单要素承载力。例如，Allan（1949）定义了土地承载力的概念；Millington等（1973）应用多目标决策分析方法计算了澳大利亚的土地资源承载力。20世纪80年代以来，城市面临的资源、环境等问题日益严峻，引发了学者们对资源承载力的研究不断深入。国内外越来越多的学者开始认识到土地资源、水资源、环境等单要素研究的局限性及片面性，积极探讨城市各种资源、环境要素之间，以及它们与经济社会发展之间相互影响、相互作用的关系。美国麻省理工学院的梅多斯（1984）等学者组成的“罗马俱乐部”，利用系统动力学模型对世界范围内的资源（包括土地、水、粮食、矿产等）环境与人的关系进行评价，构建了著名的“世界模型”，深入分析了人口增长、经济发展（工业化）同资源过度消耗、环境恶化和粮食生产的关系，并预测到21世纪中叶全球经济增长将达到极限。英国的Malcolm Slesser（1992）提出ECCO模型，综合考虑人口、资源、环境与发展之间的相互关系，通过模拟不同策略方案下人口变化与承载力之间的动态变化，从而建立一套同时满足人口、政治、环境与资源条件的目标和政策。这些研究为日后资源承载力的研究奠定了良好的基础。乔建平和王华昌（1997）认为，确定一个城市的规模应着重从区域平衡、城市自然环境和不同发展阶段三方面来综合考虑。丁任重（2005）认为，资源承载力是指在可以预见的时期内，利用本地的能源和其他资源，以及智力、技术等，在保证与其社会文化准则相符的物质生活水平下能够持续供养的人口数量。张保成和国锋（2006）从总体资源承载力和各子资源承载力（土地、水、环境等）角度对自然资源承载力相关研究进行了综述。柳清瑞和黄玉兰（2009）以武汉市为案例，建立了城市土地资源利用效益的经济、社会和生态三维评价指标体系，对城市土地资源利用效益的经济、生态和社会协调度进行了测算，并分析了影响城市土地资源利用效益的障碍因素。

蓝丁丁等（2007）运用均方差权数决策法对福州市城市土地资源承载力进行了初步评价。李辉和刘春艳（2007）认为现阶段农业和乡镇企业不能有效地吸收大量农村剩余劳动力，东北地区农民市民化能够从根本上缓解农村土地资源与人口之间的矛盾。傅湘纪和昌明（1999）采用主成分分析法进行区域水资源承载能力综合评价。张恒军等（2007）指出中山市剩余可利用的水环境容量已为数不多，如果按照现有的经济结构及经济增长方式发展，水环境面临的压力将不断升级。郭建新和陈德棉（2006）认为不断加快的城市化进程，扩大了用气人口的基数，同时城市居民收入水平的提高和生活方式的改变，都会促进天然气的消费。余春祥（2004）对云南经济发展的环境容量和资源承载力进行了实证分析。顾晨洁和李海涛（2010）指出随着工业化、城镇化过程的快速推进，产业发展和资源环境的矛盾加剧，甚至出现了全球性的资源耗竭和环境污染问题。

综上所述，以城市综合资源承载力为对象的研究越来越受到国内学者的关注。其中，土地、水等资源承载力研究奠定了理论和方法论基础，环境承载力研究拓展了综合资源承载力研究的范围，将城市绿化水平、污染治理能力等纳入了研究范围。因此，本书将城市资源系统（资源承载力）定义为城市能够容纳一定人口数量，承载一定经济社会总量，包含土地、水、电、气、生态环境等因素的系统。目前，虽然资源承载力问题已经引起了人们的广泛关注，但学术界对城市吸纳农民工容量的资源系统的研究非常少见，而且真正从城市吸纳农民工容量这一角度出发对资源系统进行深入研究的更加匮乏，目前尚处于探索性研究阶段。本书进行城市吸纳农民工容量的资源系统的研究，对促进区域可持续发展理论研究的深化和发展具有十分重要的意义。同时，资源系统的研究是合理转移农村劳动力和开展城市各项规划的基础，对促进城市可持续发展具有重要的实践指导意义。

第二节　城市吸纳农民工的土地资源容量

土地作为人类活动、生存和发展的场所与空间，是人类赖以生存的最重要的物质基础，因此土地资源一直是资源承载力研究的重心和核心。广义的城市土地是指城市行政管辖区域内的土地，狭义的城市土地是指城市建成区用于城市建设和城市机制运转所需的土地。按照国家有关规定，城市用地一般包括居住用地、公共设施用地、工业用地、仓储用地、对外交通用地、道路广场用地、市政公用设施用地、绿化用地、水域、特殊用地和其他用地等。土地资源具有供给的稀缺性，决定了城市土地资源容量的有限性。

城市土地资源容量主要是指城市土地资源可以承载城市本地人口并且吸纳外来人口的各种生产和生活的能力。对城市土地容量的研究中，大多数学者主要从土地承载力角度来建立城市土地利用的评价指标体系。传统意义上的土地承载力研究更多是围绕耕地、食物、人口而展开的，它以耕地为基础，以食物为中介，以人口容量的最终测算为目标，将“土地人口承载力”的研究划分为土地生产潜力估算阶段和土地承载能力研究阶段（陈百明，1987）。王书华和毛汉英（2001）从水土资源支持系统、社会支持系统、生态环境支持系统和经济技术支持系统四个方面来建立承载力评价指标体系。瞿理铜和肖丽（2008）从自然承载、经济承载、社会承载、环境承载和对外交流承载五个方面建立城市土地综合承载力评价指标体系。虽然以上学者对土地承载力评价指标体系进行了大量的分析研究，但对城市吸纳农民工容量的土地资源的研究还很少。

土地在城市吸纳农民工容量的资源系统中居于其他资源无法替代的核心地位。城市土地作为人类活动最为集聚的区域，同时也是一种稀缺性资源。随着我国城市化进程的步伐加快、城市吸纳农民工数量的增多，城市土地资源的稀缺性会进一步表现出来。城市土地对吸纳农民工起着决定性作用，主要体现在三个方面。①土地是城市吸纳农民工的资源基础。城市土地在一定时间内具有固定性，随着城市的扩大，土地的稀缺性日益突出，用地紧张问题日益明显，城市土地也就不能承载大量农民工向城市的转移。而土地一旦不能承载农民工向城市的转移带来的人口压力，城市人口将达到饱和。超过土地承载的极限，会严重影响城市的发展，导致城市生活质量的下降。②土地资源影响着城市的交通等基础设施。大量农民工向城市的转移，必然加大对城市交通、广场等基础设施的需求。而这些基础设施的建设需要大量的土地资源，过多的农民工向城市转移会导致城市的交通压力，造成城市拥堵，提高城市居民出行成本。③土地资源是城市居民生活质量的重要保障。从课题组成员对东、中、西部 7

个省市农民工的调查中可以发现，对于希望留居城市的农民工来说，城市的环境和生活比较好是吸引他们向城市转移的主要因素之一。城市的土地资源是影响居民生活质量的重要因素之一，过少的土地面积不能向居民提供充足的公共休闲娱乐场地，同时会影响居民的居住面积，提高城市的容积率，造成心理上的压抑。

我国虽然地大物博，但是人均土地资源少，优质耕地减少，工业用地增长过快，建设用地粗放消费较为突出，局部地区土地退化和破坏严重。随着城镇化、工业化进程加快，我国城市建设用地的供需矛盾更加突出，实施城乡统筹和区域协调的任务更加繁重。应该按照建设资源节约型社会的要求，优化土地利用结构，使农用地保持基本稳定，建设用地得到有效控制，未利用地得到合理开发。城乡用地结构不断优化，城镇建设用地的增加与农村建设用地的减少相挂钩。一方面，从严控制城市建设用地总规模，加强城市建设用地的空间管制，严格划定城乡建设用地扩展边界，控制建设用地无序扩张；另一方面，积极盘活存量城市建设用地，鼓励深度开发城市地上地下空间，充分利用未利用地和工矿废弃地拓展建设用地空间。在测算城市土地资源容量时，应考虑城市社会经济发展过程和土地资源开发利用过程具有阶段性，城市土地资源容量在时间上具有动态性。不同的时空尺度，土地资源对城市吸纳农民工容量的作用不同。因此研究时必须顺应城市土地资源的时空变化规律，考虑不同阶段、不同规模、不同土地用途的城市土地资源供需结构，缓解城市吸纳农民工的用地供需矛盾，减少其对城市化发展的制约作用。

基于以上分析，主要从城市土地的利用强度、利用效益和利用结构三个方面建立城市吸纳农民工容量资源子系统的土地资源指标体系，如表 4-1 所示。

表 4-1　城市吸纳农民工容量资源子系统的土地资源指标体系

一级指标	二级指标	三级指标	指标解释
城市土地	土地的利用强度/(平方公里/人)	城市人均建设用地面积/(平方米/人)	城市建设用地面积/城市总人口
		人均居住用地面积/(平方米/人)	城市居住用地面积/城市总人口
		城市人均公共设施用地面积/(平方米/人)	城市公共设施用地面积/城市总人口
		城市人均绿地面积/(平方米/人)	城市绿地面积/城市总人口
		城市综合容积率/%	城市总建筑面积/城市建设用地面积

续表

一级指标	二级指标	三级指标	指标解释
城市土地	土地利用效益/(万元/平方公里)	单位土地国内生产总值/(亿元/平方公里)	年国内生产总值/城市建设用地面积
		单位土地财政收入/(万元/平方公里)	年财政收入/城市建设用地面积
		单位土地工业生产总值/(亿元/平方公里)	年工业产值/城市建设用地面积
		单位土地社会消费品零销额/(万元/平方公里)	社会消费品零销总额/城市建设用地面积
		单位商业用地商业总产值/(万元/平方公里)	年商业总销售额/商业用地面积
	土地利用结构/%	城市居住用地比例/%	城市居住用地面积/城市建设用地面积
		城市公共设施用地比例/%	城市公共设施用地面积/城市建设用地面积
		城市工业用地比例/%	城市工业用地面积/城市建设用地面积
		城市对外交通用地比例/%	城市对外交通用地面积/城市建设用地面积
		城市道路广场用地比例/%	城市道路广场用地面积/城市建设用地面积
		城市绿地用地比例/%	城市绿地面积/城市建设用地面积

第三节　城市吸纳农民工的水资源与能源资源容量

城市吸纳农民工的容量不仅受到经济、社会、土地资源等条件的限制，而且受到水、电、气等自然资源，以及城市的供水、供电、供气设施的约束。城市的可持续发展与城市的水资源承载力、供电量、供气量、用水普及率、燃气普及率等息息相关。

一、城市水资源

（一）城市水资源的重要性

水是人类的生命之源，是人类生活不可缺少的一部分，它对城市发展的影响是广泛的，不仅影响城市人口的身体健康、生活质量，而且影响城市的生产方式和工业规模。尤其在干旱、半干旱地区，水几乎是制约城市发展的唯一因素。水资源与整个地区的经济、社会、环境大系统息息相关，水资源承载力与经济、社会、环境可持续发展是否协调是各地区都非常关注的重大问题。如果一个城市的人口规模超过水资源可能承受的范围，城市发展和人民生活都会受到严重影响。

由于城市化地区人口和工业的不断扩大，多数城市的地表水难以满足城市人口生产生活的需求。加之城市在发展工业的过程中，地表水首当其冲受到环境污染，更加降低了城市水资源的供给能力。但是城市水源地存在集中布局、开采量大和开采层位缺乏科学的规划等问题，一些城市出现了地下水位下降、水资源枯竭、地面沉降和塌陷。近20年来，我国地下水开采量平均以每年25亿立方米的速度增加，地下水占总供水量的比例已从1980年的14.0%增长到2000年的19.8%。华北、西北地区城市利用地下水的比例分别高达72%和66%。河北、北京、天津等地已经属于超量开采（刘耀彬，2007）。超采地下水引起了严重的地面沉降问题。目前，我国有近50个城市发生了地面沉降，主要表现为由浅部向深部发展，形成了以长江三角洲地区和黄淮海平原地区为中心的两大沉降区域，导致地面裂缝、房屋倒塌、下水道排水不畅、水质恶化、洪涝灾害等问题。

在城市供水量日益短缺的同时，城市用水量却有增无减。人口与城市用水量存在密切关系：城市人口数量越多，用水量就越大（方创琳等，2009）。假设原有的人均用水量不变，城市吸纳大量人口将导致城市生活用水量增加，从而使城市总用水量随之增加。城市化使人们生活水平不断提高，市政用水（如消防、绿地等用水）和商业用水量不断提高，从而使人均生活用水量大幅度提高，城市生活用水量将保持长期增长趋势。倘若城市继续吸纳大量农民工进城，将对城市水资源供给造成巨大压力，对城市生产生活也会产生不利影响。

（二）城市水资源承载力

联合国教育、科学及文化组织（联合国教科文组织，UNESCO）和世界气象组织（WMO）把水资源定义如下：作为水资源的水应当是可供利用或有可能被利用，具有足够数量和可用质量，并可适合某地对水的需求而能长期供应的水源（惠泱河等，2001）。水资源承载力研究涉及经济、社会、环境等各方面。徐良芳和孙德华（2005）认为水资源承载力是指在一定时期某区域在一定的社会经济发展水平下，在维持水资源系统本身完整性和满足生态系统可持续发展对水资源的需求条件下，最大可利用水资源对区域社会经济发展的支撑能力。其具体含义如下。

（1）水资源的完整性。水资源的开发利用不能超过其供给能力和恢复速度。城市的工业化生产活动已经严重干预了水资源系统，如过度开采水资源、水质严重污染、地面塌陷等都影响了水资源的功能发挥。因此，不能因为缺水就盲目开采，破坏正常的水资源循环，影响水资源的完整性。

（2）水资源承载力的社会经济性。一个城市的社会经济水平越高，水资源开发利用水平越高；生产力水平越高，水资源的开发能力越强；社会经济越发达，水资源管理水平相应提高，水资源将得到更合理的配置，使用效率将会更高。这些都能够提高城市水资源承载力。此外，城市社会经济发展速度、人口增长数量也受到城市水资源承载力的影响。如果城市所需水资源超过最大水资源可供量，则说明社会经济的发展超出了水资源的承载范围。为了实现城市社会经济的可持续发展，城市必然会提升技术水平，提高用水效率，或者调整产业结构，尽力发展低耗水产业，减少高耗水产业。如果水资源仍然满足不了社会经济发展的需求，则需要减少社会经济发展规模或减慢其发展速度，使城市人口和社会经济的发展适应水资源条件。相反，若所需水资源小于城市最大水资源可供量，则社会经济的发展在水资源承载力范围之内。

（3）水资源承载力的极限性。水资源承载力的极限性表现为某个时期的某个区域，可利用的水资源具有最大值，这个时期可利用的最大水资源量是指区域水资源除考虑生态系统和水资源本身可持续发展的那一部分水资源外，剩下的水资源由于受自然条件和生产力水平条件限制所能开发的最大水资源，这样的水资源才是真正用于社会经济发展的水资源，这时的水资源明显具有阈值性，对某个时期的水资源具有唯一性。另外，区域最大可利用水资源随时间变化呈动态性，生产力水平提高，最大可利用水资源的绝对值势必会增加。

（三）水资源承载力指标体系

根据以上分析，依照科学性、可操作性、可行性、系统性原则，建立水资源承载力指标体系主要从以下几个方面来考虑。

（1）水资源的数量与质量。水资源的数量包括水气量、降水量、蒸发量、地表水和地下水资源量及水资源总量等方面。由于各城市的自然地理条件不同，水资源在数量上有其独特的空间分布特点，在质量上也有所差异，如地下水的矿化度、埋深条件，水资源的开发利用程度及方式也会影响可以用来进行社会生产的可利用水资源的数量。一般来说，一个城市的水资源数量越多、质量越好，水容量越大，就越有利于城市的发展。水资源匮乏的地区（如西北干旱地区）或水污染严重的地区，水容量越小，就越影响城市对人口的吸纳。

（2）水资源开发利用程度。即使解决了城市水资源的数量和质量问题，也要充分、合理地加以开发利用。城市的社会经济水平越高，水资源开发利用水平越高；同时生产力水平越高，水资源开发利用程度也越高，水资源将得到更合理配置，使用效率将会更高，这样更有利于城市吸纳农民工。年供水总量、用水设施普及率和各类水资源利用程度反映了城市水资源的利用程度。

（3）水资源使用量。以上两个方面均从水资源的供给角度来分析，但是研究一个城市吸纳农民工的容量，还需要考虑水资源的供给能否满足城市人口的需求。如果人均用水需求量保持不变，城市人口数量增加较快，则城市面临水资源枯竭速度加快的局面，反而不利于城市长期发展。在研究城市吸纳人口的水资源承载能力时必须估测现在与未来的城市供水量和用水量。

根据以上分析，可以从水资源的数量与质量、水资源开发利用程度和水资源使用量四个方面建立城市吸纳农民工容量资源子系统的水资源指标体系见表4-2。

表4-2　城市吸纳农民工容量资源子系统的水资源指标体系

一级指标	二级指标	三级指标
城市水资源	水资源的数量与质量	全年供水总量/亿立方米 城市人均供水量/(立方米/人) 规划供水量/亿立方米 人均水资源量/(立方米/人) 饮用水源水质达标率/%
	水资源开发利用程度	城市污水日处理能力/万立方米 规划污水处理量/万立方米 城市用水设施普及率/%
	水资源使用量	全年用水总量/亿立方米 城市工业用水量/亿立方米 城市生活用水量/亿立方米 城市人均用水量/(立方米/人)

二、城市能源资源

能源资源是工业发展的主要原料，是城市第二产业发展的物质基础。对于任何一个城市来说，城市的煤炭供应量、电力系统和供气系统等都会对人们的日常生活、城市的经济发展、社会进步产生巨大影响。合理开发地区煤炭、石油等矿产资源，将其转化为日常生活所需的能源，建立结构合理的能源供应系统，不仅便于生产与消费各种能源的有效管理，提高电力设施和供气设施的配置效用，而且可以节省城市对电力设施和供气设施的投资，降低停电、漏电、触电、停气、天然气中毒等安全事故的发生率，保障人们生命财产的安全。长远来看还有利于城市能源资源的可持续开发与利用，更大限度地满足地区国民经济日益增长的用电、用气需要。但是改革开放以来，我国城市发展在取得巨大进步的同时，也消耗了大量的能源资源，城市化进程面临越来越突出的资源约束问题，其中既有流量约束，也有存量约束。倘若城市吸纳超过能源资源所能承载的人口数量，城市发展也将受到制约。

城市煤炭供应系统是指城市开采、供应、加工、消费煤炭资源的体系。城市电力系统是由发电、变电、输电、配电和用电等环节组成的电能生产与消费系统。电力系统在保证电能质量、实现安全可靠供电的前提下，还应实现经济运行效率，即努力调整负荷曲线，提高设备利用率，合理利用各种动力资源，降低燃料消耗、厂用电和电力网络的损耗，以取得最佳经济效益。城市燃气供应系统（简称供气系统）由城镇燃气管道及其附件、门站、储配站、灌瓶站、气化站、混气站、调压站、调压箱、瓶装供应站、办气站、用户设施和用气设备组成。城市供气是指供居民生活、公共建筑和工业（商业）企业生产作为燃料用的公用性质的符合质量要求的燃气，主要包括天然气、液化石油气和人工煤气。

通过以上分析，构建城市吸纳农民工容量资源子系统的能源资源指标体系，如表 4-3 所示。

表 4-3　城市吸纳农民工容量资源子系统的能源资源指标体系

一级指标	二级指标	三级指标
城市能源	煤炭	煤炭可供量/万吨 每天煤炭能源消费量/万吨 规划煤炭可供量/万吨

续表

一级指标	二级指标	三级指标
城市能源	电	全年供电总量/亿千瓦时 每天电力消费量/亿千瓦时 配电站容量/亿千瓦时 规划电力可供量/亿千瓦时
	气	人工煤气供气量/亿立方米 天然气供气量/亿立方米 液化石油气供气量/亿立方米

第四节　城市生态环境资源容量

城市生态环境主要指影响城市生活和生产的各种外部条件，包括两大部分：自然环境和人工环境。自然环境主要包括气候、动植物、地质、地貌、水文、土地和土壤等自然地理要素。城市的人工环境是建立在自然环境基础之上的政治、经济、文化、社会环境的总和。由于大气、水、土地等因素对污染物有一定程度的扩散、降解能力，所以，在一定容量范围内的污染物不会造成污染。但是如果城市在发展过程中不注重生态环境的重要性，排放的废弃物超过生态环境容量限度，就会造成严重的环境问题。

不少学者对城市生态环境容量问题进行了深入的研究。沈清基（1998）认为城市环境容量是指环境对城市规模及人们活动提出的限度，具体地说，就是城市所在地域的环境，在一定的时间、空间范围内，在一定的经济水平和安全卫生要求下，在满足城市生产、生活等各种活动的强度下提出的允许限度。蔡鹤生等（1998）认为环境容量是在规定的环境目标下环境对污染物的最大允许量，也就是生态环境在人体健康阈值以下所容纳的污染物的总量。余春祥（2004）从可持续发展的角度将环境容量定义为区域自然环境和环境要素（如水体、空气、土壤和生物等）对人为干扰或污染物容许的承受量或负荷量。赵旭（2009）将环境容量指标分成了容积率、建筑密度和绿地率三项，认为容积率是为了保证良好的城市环境质量，对建设用地能够容纳的建设量和人口聚集量做出合理规定，它属于环境容量控制的一部分。虽然很多学者都对城市生态环境资源容量作了界定，并相应地建立了不同的指标体系，然而他们的研究中从城市吸纳农民工角度分析的还很少，相应的研究也不深入。

生态环境是人类生存和进行交往活动的载体，是城市可持续发展的基础和前提。然而随着城市化进程和工业化水平的提高，城市发展和城市环境之间的矛盾日益突出。城市自身良好的基础设施、文化休闲设施及健全的社会保障体系，吸引着农村人口向城市转移。但是大量农民工向城市转移必然会对城市生态环境产生一系列的影响，过高的城市人口密度会使城市基础设施和服务系统严重超载，生态环境被严重破坏，城市生活质量恶化，社会不安定因素增加。因而在分析城市吸纳农民工容量的过程中，研究城市生态环境必不可少。本书将城市生态环境资源容量定义为在满足城市居民和进城农民工生产生活的情况下，城市生态环境对空气污染、水污染、固体废物污染等的承受能力，以及对生态绿化的容纳能力，并相应地从城市环境治理能力和城市生态水平两个方面建立城市吸纳农民工容量资源子系统的生态环境资源指标体系，见表 4-4。

表 4-4　城市吸纳农民工容量资源子系统的生态环境资源指标体系

一级指标	二级指标	三级指标
城市生态环境资源	城市环境治理能力	工业固体废物综合利用率/% 工业废水排放达标率/% 汽车尾气达标率/% 危险废物处置率/% 生活垃圾清运量/万吨
	城市生态水平	城市园林绿地面积/公顷 建成区绿化覆盖率/% 人均公园绿地面积/平方米

第五章 城市吸纳农民工容量的系统动力学模型

系统动力学（system dynamic）是一种定性和定量相结合，系统分析、综合推理与集成的方法，并配有Dynamo等专门软件，为模型仿真、政策模拟带来很大方便，可以较好地把握系统的各种反馈关系，适合于进行具有高阶次、非线性、多重反馈、机理复杂和时变特征的系统问题，成为大系统运动规律的理想方法（魏斌和张霞，1995）。它的基本特点是具有鲜明的系统的唯物辩证特征，强调系统、整体、联系、发展、运动的观点，易于解决社会系统中存在的反馈、时滞与非线性问题，是研究半定量、趋势性问题的有效工具。

陈兴鹏和戴芹（2002）用系统动力学方法对水资源承载力进行了深入研究。陈冰等（2000）利用系统动力学方法，对柴达木盆地的水资源进行深入研究，根据该地区的特点，以人口为主要承载目标，建立了柴达木盆地的水资源系统动力限额仿真模型。韩俊丽（2004）构建了由城市水资源、工业、农业和人口四个子系统组成的水资源承载力模型，利用Dynamo语言编写程序，选择趋势型、节水型、开源型、经济型和协调型五种方案模拟包头市水资源承载力。陈明忠（2005）构建了由供水、第一产业、第二产业和第三产业四个子系统组成的水资源承载力模型，应用Vensim软件和模型模拟了江苏省低、正常、高供水增长率情景下水资源的供需平衡状态，描述了一定区域或流域水资源承载能力所处的一种状态，以及相对于一定社会经济发展水平的水资源紧张程度。

第一节 系统结构分析

考虑到系统动力学及其研究问题的特点，结合本书的研究方向，本书将采取系统动力学的方法对城市吸纳农民工容量进行建模并分析。就是从普遍联系和相互作用、相互制约的角度，将本书研究的系统——社会、经济、资源三个子系统集成的大系统与城市吸纳农民工容量有直接或间接关联的因素和环节抽象出来，从分析因果关系和作用入手，研究他们之间的动力机制和相互作用，用动态模型刻画它们，并在计算机上进行仿真模拟，最终得出城市吸纳农民工容量的分析与预测。

为了更清楚地说明系统动力学模型对本书研究目标的功能和作用，先简述一下我们用系统动力学方法建模的程序。

第一步，明确研究对象，确定系统边界。本书研究的对象是城市吸纳农民工的容量，所以首先要考虑农民工的特性，以确定影响城市对其吸纳的因素有哪些。现在对农民工涉及的范围作一个说明：本书中的“农民工”仅指跨地区外出进城务工的人员，不包括在乡镇企业里从事劳动的农民，也不包括无雇主雇用、从事个体经营或自谋职业的农民。因为这一部分农民离土又离乡，他们的收入绝大部分来自于进城务工，而城市对于他们来说社会养老保险、工伤保险等保障制度均不完善，他们进城务工及城市对他们的吸纳都具有一定的盲目性，研究这类农民工符合本书的初衷。从第二至第四章可知，城市吸纳农民工容量受社会、经济、资源三大子系统制约并给出了三大子系统的边界。从系统动力学观点看，动力学问题是动态的，城市吸纳农民工的容量随时间变化，可用以时间为坐标的图形表示，明确本书所要研究的是三大子系统和它们的集成大系统在一定的时间段内是怎样影响城市吸纳农民工的容量的，有什么样的规律。

第二步，进行因果分析。实际上是要将第一步考虑的各个领域，即各个因果关系链条化，找出直接或间接作用于城市吸纳农民工容量的经济、资源和社会因素。面对众多复杂因素的影响，要逐渐梳理出其中各因素之间的相互影响关系，并将这些作用形成的因果关系延伸成集成大系统下的一个个具体封闭的正反馈因果关系回路和负反馈因果关系回路，通过这一步骤，建立起具体的系统流图。本课题将所研究的影响农民工容量集成大系统分为三个子系统——经济子系统、社会子系统和资源子系统，先得出它们各自的因果图，继而得出总的因果图，最后建立流通。

第三步，建立系统动力学的方程模型。将各个因果关系回路中的因果关系具体化，再确定水平变量和速率变量，继而寻找合适的辅助变量。在此基础上，给出具体的水平方程，速率方程和将速率方程细化的辅助方程、常量方程和初始值方程。

第四步，进行模型的计算机仿真。首先根据第三步确定的方程以调研方式和年鉴方式获得的统计资料对其进行选择和处理，以确定各个方程中的常数值、图表函数值和水平变量值的初始值；然后编写 Vensim 软件所需的语言程序，在计算机上进行仿真运行。

第五步，结果分析，政策实验。根据计算机仿真的结果对城市吸纳农民工容量与集成大系统的相互促进与制约得出比较具体的结论，找出一些主要因素，并根据主要因素的取值变化进行政策实验。在这一步，如果仿真结果有明显的误差和缺陷，还需要修正系统模型，修正的过程是一个政策模拟的过程，也是结构调整的过程。通过修正，可以更准确地把握系统，并通过重复仿真运行，得出分析结论。

通过以上分析，给出三个子系统之间的关系，如图 5-1 所示。

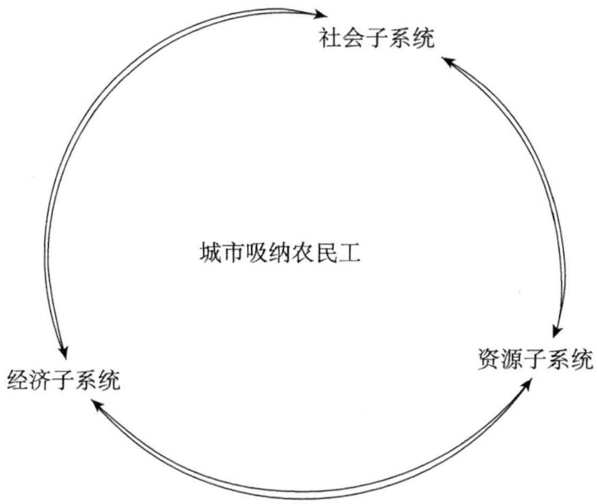

图 5-1　模型子系统关系图

注：图中的双向箭头表示三大子系统之间相互作用的关系

第二节　模型的各子系统反馈回路

一、经济子系统

农民工向城市流动主要是由于城乡的收入差距带来经济势差，良好的经济发展状况是城市健康有序吸纳农民工的重要前提和保障，而农民工进城又为城市提供了大量的劳动力，促进了城市经济的发展。影响经济发展的因素很多，如城市的经济总量及其增长率、产业结构、投入产出比、劳动生产率、人才素质、科技水平、居民收入水平、储蓄和消费结构等，其中每个因素的变动都会在一定程度上影响城市经济的发展，进而影响城市吸纳农民工的容量。通过对比分析将重要的因素归为三类，它们分别是产业子系统、劳动力子系统、消费子系统，这三个子系统之间又相互影响和制约。

在产业子系统中主要考虑城市中的第二、第三产业，第二产业中主要考虑制造业、建筑业这两个吸纳农民工较多的行业，而第三产业主要考虑批发零售餐饮业，在这些行业中经济的增长将加大这方面的投资力度，从而促进城市对农民工的吸纳，形成正的反馈回路。而行业结构的优化，无疑对农民工的质量提出了挑战，这一作用使其与劳动力子系统产生了联系。从长远来说，第三产业逐渐成为吸纳农民工最具潜力的部门，成为分析的重点，根据其自身的特点，易与消费系统发生联系。

在劳动力子系统中，由于城市劳动力价格的上升会增加农民工的收入，农民工更愿意流向城市。劳动力数量的增加将推动经济的发展，然而随着经济的发展，城市产业结构的优化与升级将对劳动力的质量提出挑战。农民工素质的提高，必然导致劳动生产率的提高，促进经济的发展，促进城市对农民工的吸纳。另外，不同行业对劳动力的结构（如性别、年龄、技能等）也有不同的要求。

在消费子系统中，随着居民收入水平的提高，城乡居民消费支出增加，拉动经济增长，从而为城市创造更多的就业岗位，增加农民工的容量。在消费类型方面，基本生存问题解决以后人们会越来越注重享受资料和发展资料的消费，使得第三产业为许多女性和大量年龄偏大的农村剩余劳动力提供了就业空间，更多的农民工流入这些行业。

通过以上分析，我们做出经济子系统的因果关系图（图 5-2）。

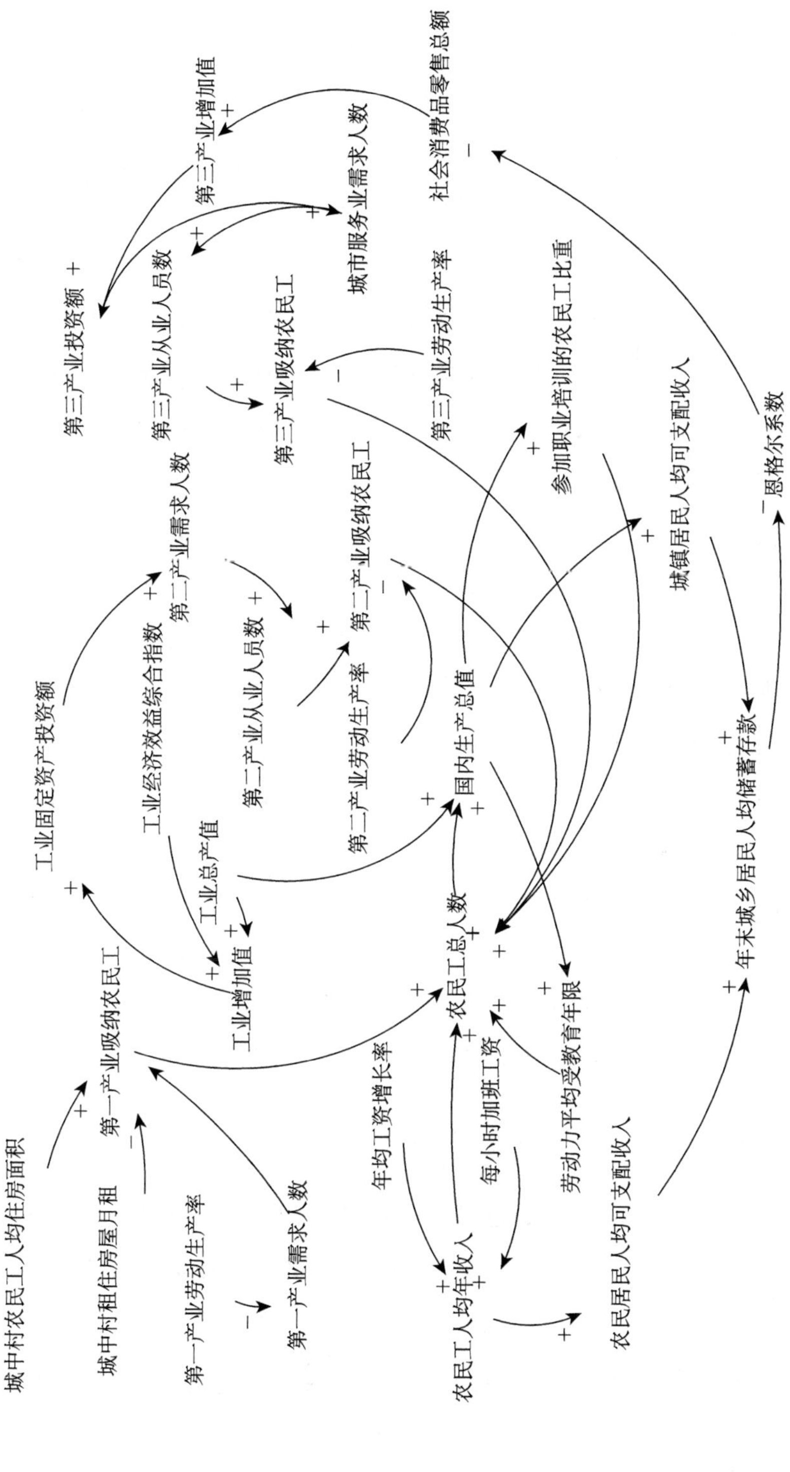

图5-2　经济子系统因果关系图

注："+"表示正反馈，"−"表示负反馈

二、社会子系统

所谓的社会容量实际上是指一定时期内农民工进入城市速度过快，城市公共设施增长速度跟不上，社会生活环境变化剧烈，从而导致城市社会经济生活的非正常紊乱。我们主要从以下几点对社会子系统进行了分析。

(1) 农民工进入城市，首先需要解决的是居住问题，居住成本、住宅条件和居住环境是影响农民工进城速度的重要因素。农民工过快地涌入城市，必然导致城市人均住房面积减少，在国家规定的最低人均住房面积的制约下，租房均价上升，居住成本提高使农民工的就业工资不足以满足其心理需求时，阻碍城市对农民工的吸纳。

(2) 在一定时期，城市的教育资源有限，而子女教育问题是农民工在城市长期稳定居住的一个重要影响因素。农民工过快地涌入城市，使得其子女在城市就读比例上升，师生比例上升，人均教育投资减少，在教育投资增长受限的情况下，阻碍城市对农民工的吸纳。

(3) 我国医疗卫生资源有限，农民工进入城市后，使得每千人医生数、每千人床位数减少，就医费用上升，再加上医疗保险对农民工的覆盖率很低，高额的医疗费用，阻碍了城市对农民工的吸纳。

(4) 农民工大量进城会增加城市行政管理系统的压力，在政府相应人员和软硬件设施同社会管理需要的缺口不断增大的情况下，政府的工作强度加大，工作效率降低，阻碍了城市对农民工的吸纳。

通过上面的分析，我们做出社会子系统的因果关系图（图 5-3）。

三、资源子系统分析

城市要可持续发展，城市资源也必须可持续。而城市资源的有限，对大量涌入的农民工提出了挑战。构成城市资源系统的主要因素有城市土地、水、电、气供给，城市交通与通信，城市环境治理能力，城市人口规模等。城市资源主要通过以下形式限制城市吸纳农民工的容量：在土地供给方面，农民工进城数

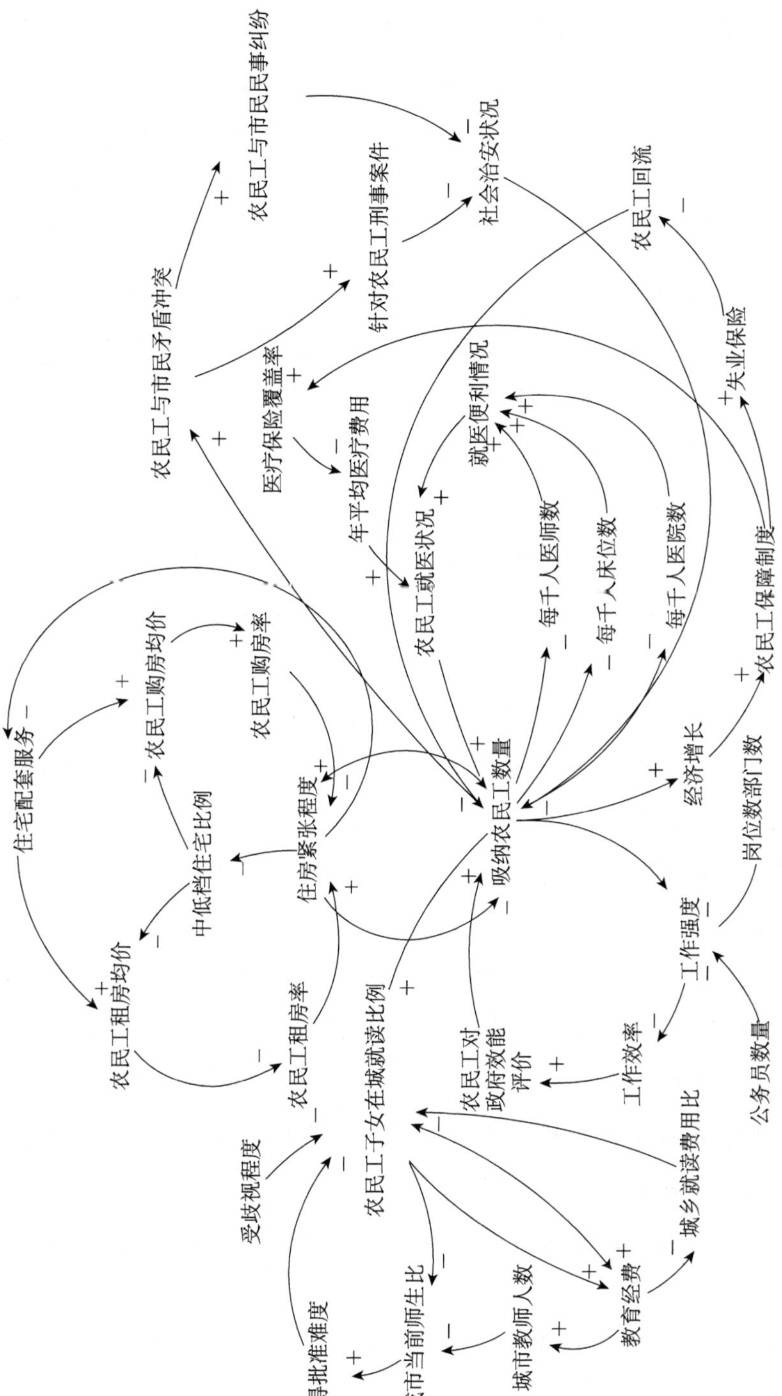

图5-3 社会子系统因果关系图

注："+"表示正反馈，"−"表示负反馈

量的增加，必然加大城市人口数量，导致人均居住面积、人均建设用地的减少，房租价格的增加，农民工生活成本的增加，从而减少城市对农民工的吸纳量。同时城市人口的增加，劳动力的增加将拉动城市生产总值的增长，加大对工业的投资力度，从而工业用地增加，增加工业对农民工的吸纳量；在水、电、气供给方面，城市人口的增加，将导致城市人均用水、人均用电和人均用气的减少，当达到规定的标准后，城市将减少对农民工的吸纳，同时水、电、气价格的上升，也同样加大农民工的生活成本，不利于城市对农民工的吸纳。而经济的增长，又可以加大对水的开发程度，加大对电、气的生产投资，从而在一定程度上缓解资源的限制；在城市交通与通信，城市环境治理方面，以公交营运数、人均通信费、工业生产和交通中三废的排放量、污染生产率、污染治理能力为主要因素，分析了资源的限制作用；在人口方面，农民工进城必须在城市人口规模允许的范围内，经济的增长，加大了对教育的投资，提升了升学率，提高了人口文化程度，加长了人们入学教育的年限，同时国家计划生育政策的良好实施，降低了生育率，同时人口年龄结构也发生了变化，而人均 GDP 的增加、预期寿命的延长、死亡率的减少也会改变人口年龄结构，它们共同作用，决定了城市人口容量。

可见，经济与资源相互促进，相互制约。我们给出资源子系统的因果关系图（图 5-4）。

本书研究的是在集成大系统下城市吸纳农民工的容量，所以最终我们将以上三个子系统的因果关系图，合并为一个总的因果关系图（图 5-5）。

经济子系统因果图中的因果回路的极性大部分是正的，即对城市吸纳农民工起增强的作用；而社会和资源子系统因果关系图中的因果回路的极性大部分是负的，即对城市吸纳农民工起限制作用。

城市吸纳农民工集大成系统因果关系图中有 14 条包含城市吸纳农民工的因果关系回路。

（1）城市吸纳农民工 →城市人口 → 生活用水 → 水的价格 → 生活成本。

（2）城市吸纳农民工 → 城市人口 → 生活消费天然气 → 天然气价格 → 生

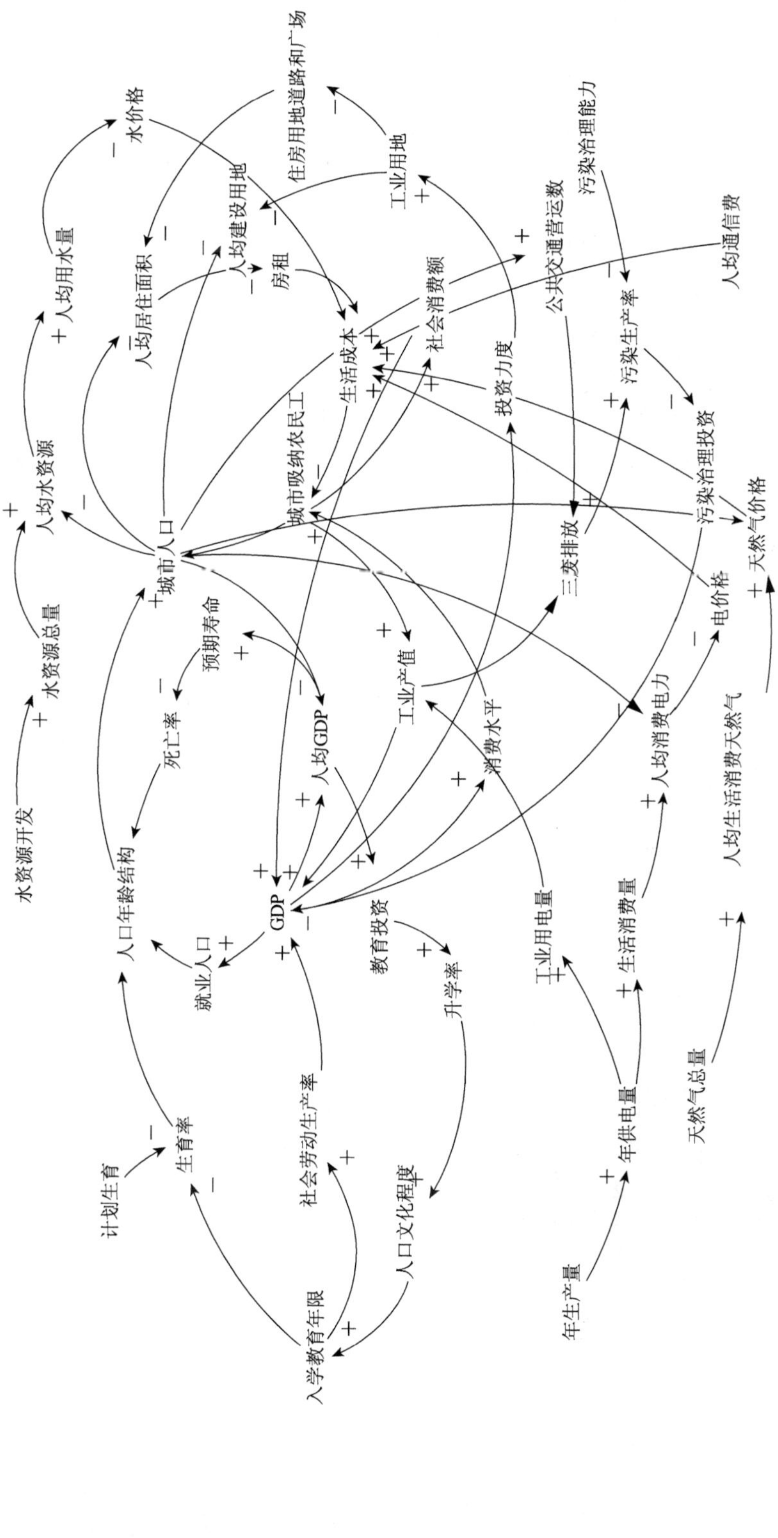

图5-4 资源子系统因果关系图

注："+"表示正反馈，"–"表示负反馈

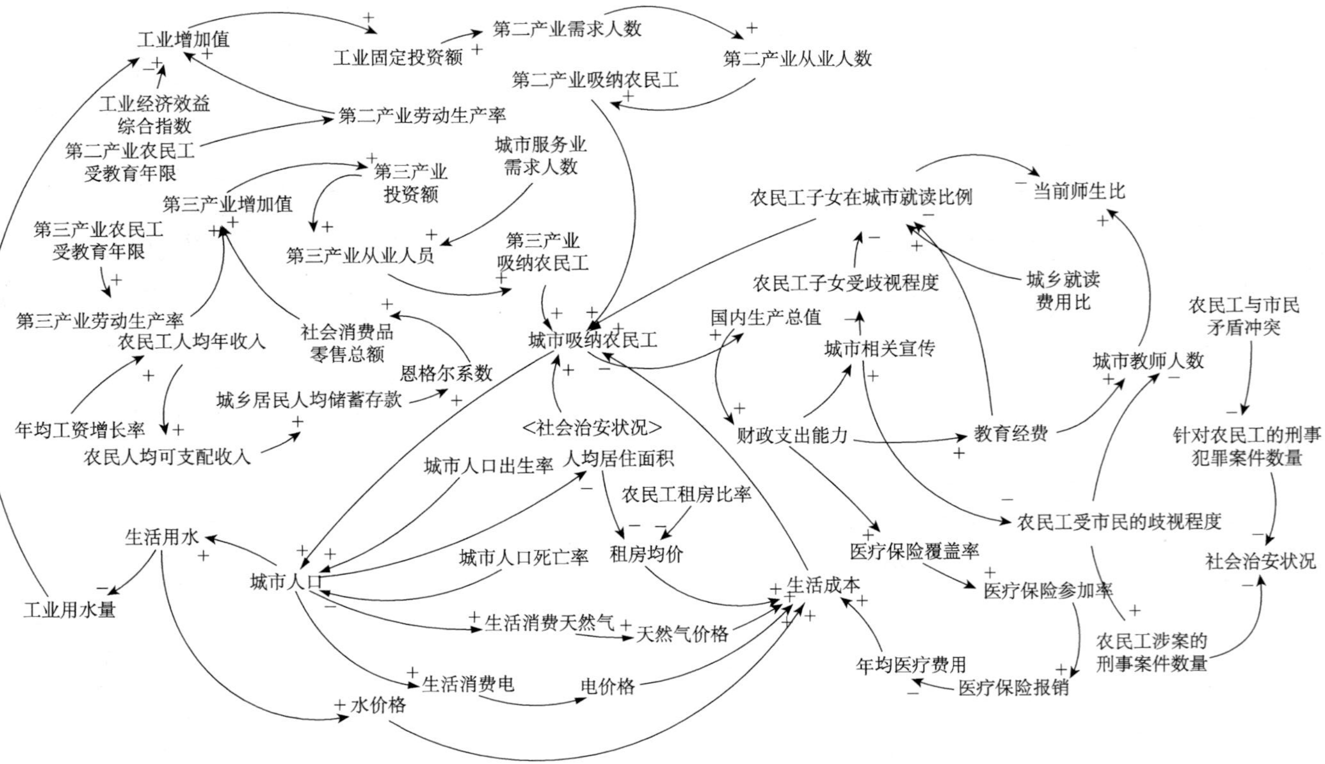

图5-5 城市吸纳农民工集成大系统因果关系图

注："+"表示正反馈，"−"表示负反馈

活成本。

（3）城市吸纳农民工 → 城市人口 → 生活消费电 → 电的价格 → 生活成本。

（4）城市吸纳农民工 → 国内生产总值 → 财政支出能力 → 教育经费 → 农民工子女在城市就读比例。

（5）城市吸纳农民工 → 城市人口 → 人均居住面积 → 租房均价 → 生活成本。（6）城市吸纳农民工 → 国内生产总值 → 财政支出能力 → 城市相关宣传 → 农民工子女受歧视程度 → 农民工子女在城市就读比例。

（7）城市吸纳农民工 → 国内生产总值 → 财政支出能力 → 城市相关宣传 → 农民工受市民的歧视程度 → 农民工涉案的刑事案件数量 → 社会治安状况。

（8）城市吸纳农民工 → 国内生产总值 → 财政支出能力 → 城市相关宣传 →农民工受市民的歧视程度 → 农民工与市民矛盾冲突 → 针对农民工的刑事犯罪案件数量 → 社会治安状况。

（9）城市吸纳农民工 → 国内生产总值 → 财政支出能力 → 医疗保险覆盖率 → 医疗保险参加率 → 医疗保险报销 → 年平均医疗费用 → 生活成本。

（10）城市吸纳农民工 → 城市人口 → 生活用水 → 工业用水量 → 工业增加值 → 工业固定投资额 →第二产业需求人数 → 第二产业从业人数 → 第二产业吸纳农民工。

从每个子系统中可以看出影响城市吸纳农民工的因素很多，而在集成大系统中各种因素之间的关系更加复杂，为了更加详细地描述系统内部结构及系统变量之间的相互关系，根据以上因果关系图构建了城市吸纳农民工容量的系统动力学流图（图 5-6）。在流图中主要考虑经济、资源和社会三个子系统的相互作用，而资源和社会主要起限制作用。经济方面选取的第二产业中的制造业和建筑业，第三产业中的批发零售和餐饮业这三个主要吸纳农民工的产业，并根据农民工在其中所占比例得到城市吸纳农民工数量。资源方面主要考虑生活用水、电、气和居住环境。社会子系统由于其数据可得性，选取的农民工子女教育和医疗保险。

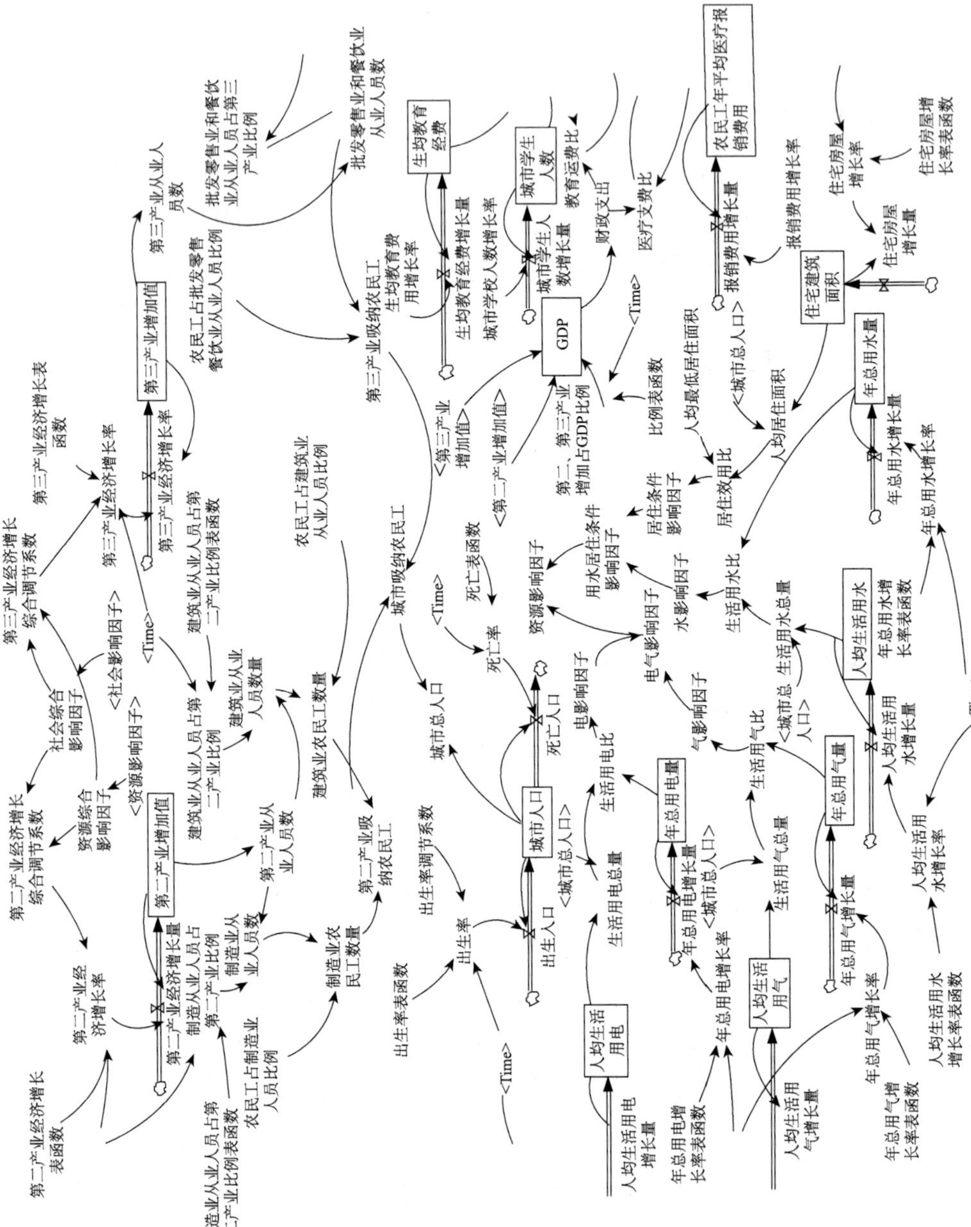

图5-6 城市吸纳农民工集成大系统流图

第三节 主要模型方程和参数

根据上面讨论的影响城市吸纳农民工的集成大系统及其系统内变量的相互作用形成的反馈关系，由于本系统所涉及的变量辅助变量比较多，由以上构建的系统动力学流图可以直接看出，在此不一一介绍。

（1）起始时间 ＝ 2030

（2）终止时间 ＝ 2005

（3）时间间隔 ＝ 1

（4）人均居住面积＝（住宅建筑面积/城市总人口）×10000（Units：平方米/人）

（5）人均最低居住面积＝10（Units：平方米/人）

（6）人均生活用气＝ Integ（人均生活用气增长量，6.1）（Units：立方米/人）

（7）人均生活用气增长率＝人均生活用气增长率表函数（Time）（Units：Dmnl）

（8）人均生活用气增长率表函数（[（2005，0）—（2030，1)]，（2005，0.2811)，（2010，0.23)，（2015，0.18)，（2020，0.13)，（2025，0.08)，（2030，0.03))[①]（Units：Dmnl）

（9）人均生活用气增长量＝人均生活用气增长率×人均生活用气（Units：立方米/人）

（10）人均生活用水＝ Integ（人均生活用水增长量，51.782）（Units：立方米/人）

（11）人均生活用水增长率＝人均生活用水增长率表函数（Time）（Units：Dmnl）

（12）人均生活用水增长率表函数（[（2005，0）—（2030，0.1)]，（2005，

① “（ ）”中的数据表示年份及增长率

0.00409)，(2010，0.0035)，(2015，0.003)，(2020，0.0025)，(2025，0.002)，(2030，0.0015))① (Units：Dmnl)

(13) 人均生活用水增长量＝人均生活用水增长率×人均生活用水 (Units：立方米/人)

(14) 人均生活用电＝ Integ (人均生活用电增长量，216.7) (Units：千瓦时/人)

(15) 人均生活用电增长率＝人均生活用电增长率表函数 (Time) (Units：Dmnl)

(16) 人均生活用电增长率表函数 ([(2005，0) — (2030，1)]，(2005，0.102)，(2010，0.085)，(2015，0.065)，(2020，0.045)，(2025，0.025)，(2030，0.015))② (Units：Dmnl)

(17) 人均生活用电增长量＝人均生活用电增长率×人均生活用电 (Units：千瓦时/人)

(18) 住宅建筑面积＝ Integ (住宅房屋增长量，107.7) (Units：亿平方米)

(19) 住宅房屋增长率＝住宅房屋增长率表函数 (Time) (Units：Dmnl)

(20) 住宅房屋增长率表函数 ([(2005，0) — (2030，0.1)]，(2005，0.04828)，(2010，0.04)，(2015，0.035)，(2020，0.03)，(2025，0.025)，(2030，0.02))③ (Units：Dmnl)

(21) 住宅房屋增长量＝住宅建筑面积×住宅房屋增长率 (Units：亿平方米)

(22) 农民工医疗保险覆盖率＝0.2485 (Units：Dmnl)

(23) 农民工医疗总支出＝ (农民工医疗保险覆盖率×城市吸纳农民工×农民工年平均医疗报销费用) /10000 (Units：万元)

(24) 农民工占制造业从业人员比例＝0.6 (Units：Dmnl)

(25) 农民工占建筑业从业人员比例＝0.8 (Units：Dmnl)

(26) 农民工占批发零售餐饮业从业人员比例＝0.52 (Units：Dmnl)

---

① “( )”中的数据表示年份及增长率

② “( )”中的数据表示年份及增长率

③ “( )”中的数据表示年份及增长率

（27）农民工子女在城市就读比例=0.5943（Units：Dmnl）

（28）农民工子女就读人数=农民工子女在城市就读比例×城市吸纳农民工×0.55（Units：万人）

（29）农民工年平均医疗报销费用= Integ（报销费用增长量，286.37）（Units：元）

（30）出生人口=城市人口×出生率（Units：万人）

（31）出生率=（出生率表函数（Time））×出生率调节系数（Units：Dmnl）

（32）出生率表函数（[（2005，0）—（2030，0.1）]，（2005，0.01245），（2010，0.0113387），（2015，0.01025），（2020，0.00918），（2025，0.0081），（2030，0.00702））①（Units：Dmnl）

（33）出生率调节系数—1（Units：Dmnl）

（34）制造业从业人员占第二产业比例=制造业从业人员占第二产业比例表函数（Time）（Units：Dmnl）

（35）制造业从业人员数=制造业从业人员占第二产业比例×第二产业从业人员数（Units：万人）

（36）制造业从业人员占第二产业比例表函数（[（2005，0）—（2030，1）]，（2005，0.451），（2010，0.4101），（2015，0.3691），（2020，0.3419），（2025，0.3146），（2030，0.2873））②（Units：Dmnl）

（37）制造业农民工数量=农民工占制造业从业人员比例×制造业从业人员数（Units：万人）

（38）医疗影响因子=If Then Else（医疗支费比<0.1，0.5，1）（Units：Dmnl）

（39）医疗支费比=农民工医疗总支出/财政支出（Units：Dmnl）

（40）GDP=（第三产业增加值+第二产业增加值）/第二、第三产业增加值占GDP比例（Units：亿元）

---

① "（　）"中的数据表示年份及比例

② "（　）"中的数据表示年份及比例

（41）城市人口＝ Integ（出生人口－死亡人口，56212）（Units：万人）

（42）城市吸纳农民工＝第三产业吸纳农民工＋第二产业吸纳农民工（Units：万人）

（43）城市学生人数＝ Integ（城市学生人数增长量，671.4）（Units：万人）

（44）城市学生人数增长率＝0.177 526（Units：Dmnl）

（45）城市学生人数增长量＝城市学生人数×城市学生人数增长率（Units：万人）

（46）城市总人口＝城市人口＋城市吸纳农民工（Units：万人）

（47）城市教育经费＝（农民工子女就读人数＋城市学生人数）×生均教育经费/10000（Units：万元）

（48）居住效用比＝人均最低居住面积/人均居住面积（Units：Dmnl）

（49）居住条件影响因子＝If Then Else（居住效用比＜1，0.5，1）（Units：Dmnl）

（50）年总用气增长率＝年总用气增长率表函数（Time）（Units：Dmnl）

（51）年总用气增长率表函数（[（2005，0）－（2030，1）]，（2005，0.17172），（2010，0.1033），（2015，0.0924），（2020，0.0845），（2025，0.0453），（2030，0.0245））（Units：Dmnl）

（52）年总用气增长量＝年总用气量×年总用气增长率（Units：亿立方米）

（53）年总用气量＝ Integ（年总用气增长量，479.13）（Units：亿立方米）

（54）年总用水增长率＝年总用水增长率表函数（Time）（Units：Dmnl）

（55）年总用水增长率表函数（[（2005，0）－（2030，0.1）]，（2005，0.0287），（2010，0.0245），（2015，0.02），（2020，0.015），（2025，0.01），（2030，0.005））[①]（Units：Dmnl）

（56）年总用水增长量＝年总用水增长率×年总用水量（Units：亿立方米）

（57）年总用水量＝ Integ（年总用水增长量，5633）（Units：亿立方米）

（58）年总用电增长率＝年总用电增长率表函数（Time）（Units：Dmnl）

① “（ ）”中的数据表示年份及增长率

（59）年总用电增长率表函数（［（2005，0）－（2030，1）］，（2005，0.11），（2010，0.08），（2015，0.0745），（2020，0.0645），（2025，0.03245），（2030，0.01235））[①]（Units：Dmnl）

（60）年总用电增长量＝年总用电增长率×年总用电总量（Units：亿千瓦时）

（61）年总用电总量＝ Integ（年总用电增长量，24 940.4）（Units：亿千瓦时）

（62）建筑业从业人员占第二产业比例＝建筑业从业人员占第二产业比例表函数（Time）（Units：Dmnl）

（63）建筑业从业人员占第二产业比例表函数（［（2005，0）－（2030，1）］，（2005，0.2456），（2010，0.2675），（2015，0.2895），（2020，0.3146），（2025，0.33426），（2030，0.3553））[②]（Units：Dmnl）

（64）建筑业从业人员数量＝建筑业从业人员占第二产业比例×第二产业从业人员数（Units：万人）

（65）建筑业农民工数量＝农民工占建筑业从业人员比例×建筑业从业人员数量（Units：万人）

（66）批发零售业和餐饮业从业人员占第三产业比例＝批发零售业和餐饮业从业人员占第三产业比例表函数（Time）（Units：Dmnl）

（67）批发零售业和餐饮业从业人员占第三产业比例表函数

（［（2005，0）－（2030，1）］，（2005，0.2412），（2010，0.239），（2015，0.2368），（2020，0.2346），（2025，0.2324），（2030，0.2302））[③]（Units：Dmnl）

（68）批发零售业和餐饮业从业人员数＝第三产业从业人员数×批发零售业和餐饮业从业人员占第三产业比例（Units：万人）

（69）报销费用增长率＝0.059（Units：Dmnl）

（70）报销费用增长量＝报销费用增长率×农民工年平均医疗报销费用（Units：元）

---

① “（ ）”中的数据表示年份及增长率

② “（ ）”中的数据表示年份及比例

③ “（ ）”中的数据表示年份及比例

（71）教育影响因子=If Then Else（教育经费占财政支出比例<0.2，0.5，1）（Units：Dmnl）

（72）教育经费占财政支出比例=城市教育经费/财政支出（Units：Dmnl）

（73）死亡人口=死亡率×城市人口（Units：万人）

（74）死亡率=死亡率表函数（Time）（Units：Dmnl）

（75）死亡率表函数（[（2005，0）－（2030，0.1）]，（2005，0.006 51），（2010，0.007 08），（2015，0.007 49），（2020，0.007 89），（2025，0.008 299），（2030，0.008 703））①（Units：Dmnl）

（76）比例表函数（[（2005，0）－（2030，1）]，（2005，0.874），（2010，0.895），（2015，0.91），（2020，0.924），（2025，0.938），（2030，0.95））①（Units：Dmnl）

（77）气影响因子=If Then Else（生活用气比<0.3，0.5，1）（Units：Dmnl）

（78）水影响因子=If Then Else（生活用水比<0.1，0.5，1）（Units：Dmnl）

（79）生均教育经费= Integ（生均教育经费增长量，2596）（Units：元）

（80）生均教育经费增长量=生均教育经费×生均教育费用增长率（Units：元）

（81）生均教育费用增长率=0.059（Units：Dmnl）

（82）生活用气总量=（城市总人口×人均生活用气）/10000（Units：亿立方米）

（83）生活用气比=生活用气总量/年总用气量（Units：Dmnl）

（84）生活用水总量=（人均生活用水×城市总人口）/10000（Units：亿立方米）

（85）生活用水比=生活用水总量/年总用水量（Units：Dmnl）

（86）生活用电总量=（人均生活用电×城市总人口）/10000（Units：亿千

---

① "（ ）"中的数据表示年份及比例

瓦时）

（87）生活用电比＝生活用电总量/年总用电量（Units：Dmnl）

（88）用水居住条件影响因子＝Max（居住条件影响因子，水影响因子）（Units：Dmnl）

（89）电影响因子＝If Then Else（生活用电比＜0.2，0.5，1）（Units：Dmnl）

（90）电气影响因子＝Max（气影响因子，电影响因子）（Units：Dmnl）

（91）社会影响因子＝Max（医疗影响因子，教育影响因子）（Units：Dmnl）

（92）社会综合影响因子＝If Then Else（社会影响因子＝0.5，0.8，0.35）（Units：Dmnl）

（93）第三产业从业人员数＝第三产业增加值×0.073601＋17573.9（Units：万人）

（94）第三产业吸纳农民工＝农民工占批发零售业和餐饮业从业人员比例×批发零售业和餐饮业从业人员数（Units：万人）

（95）第三产业增加值＝Integ（第三产业经济增长量，73432.9）（Units：亿元）

（96）第三产业经济增长率＝第三产业经济增长表函数（Time）×第三产业经济增长综合调节系数（Units：Dmnl）

（97）第三产业经济增长综合调节系数＝Min（社会综合影响因子，资源综合影响因子）（Units：Dmnl）

（98）第三产业经济增长表函数（[（2005，0）－（2030，1）]，（2005，0.1298），（2010，0.11），（2015，0.1），（2020，0.09），（2025，0.08），（2030，0.07））[①]（Units：Dmnl）

（99）第三产业经济增长量＝第三产业增加值×第三产业经济增长率（Units：亿元）

（100）第二、三产业增加占国内生产总值比例＝比例表函数（Time）

① “（ ）”中的数据表示年份及增长率

（Units：Dmnl）

（101）第二产业从业人员数＝第二产业增加值×0.056 717＋13 107.8（Units：万人）

（102）第二产业吸纳农民工＝制造业农民工数量＋建筑业农民工数量（Units：万人）

（103）第二产业增加值＝Integ（第二产业经济增长量，87 364.6）（Units：亿元）

（104）第二产业经济增长率＝第二产业经济增长表函数（Time）×第二产业经济增长综合调节系数（Units：Dmnl）

（105）第二产业经济增长综合调节系数＝Min（社会综合影响因子，资源综合影响因子）（Units：Dmnl）

（106）第二产业经济增长表函数（［（2005，0）－（2030，1）］，（2005，0.1246），（2010，0.1），（2015，0.09），（2020，0.08），（2025，0.07），（2030，0.06））①（Units：Dmnl）

（107）第二产业经济增长量＝第二产业增加值×第二产业经济增长率（Units：亿元）

（108）财政支出＝0.191×国内生产总值（Units：亿元）

（109）资源影响因子＝Max（用水居住条件影响因子，电气影响因子）（Units：Dmnl）

（110）资源综合影响因子＝If Then Else（资源影响因子＝0.5，0.8，0.3）（Units：Dmnl）

模型的主要参数农民工子女在城市就读比例、医疗覆盖率和平均报销医疗费用、影响系数，通过调查数据并综合整理所得，并且第二产业经济增长率表函数中数据根据《中国统计年鉴 2009》不变价国内生产总值，求出每年经济增长率，并对其做回归预测以后数据，在此基础上加以调整所得；第二产业经济增长率表函数中数据也利用类似方法所得；制造业从业人员占第二产业比例表

① “（ ）”中的数据表示年份及增长率

函数、建筑业从业人员占第二产业比例表函数和批发零售业和餐饮业从业人员占第三产业比例表函数中的数据来源于《中国统计年鉴 2009》中三次产业就业人员数和行业就业人员数，并通过回归的方法对未来数据进行预测，并在此基础进行调整；农民工占制造业、建筑业、批发零售业和餐饮业从业人员比例来自于国务院研究室课题组（2006）；出生率和死亡率表函数中数据来源于《中国统计年鉴 2009》人口出生率、死亡率和自然增长率，利用已有数据回归对以后数据预测所得；第二产业和第三产业增加值初值来源于《中国统计年鉴 2009》国内生产总值中 2005 年的数据；人均生活用水、电气增长率表函数来源于《中国统计年鉴 2009》人均生活能源消费和供水用水情况，利用数据求出各自增长率，并回归分析预测以后各年数据，且加以调整。人均生活用电和气的初值来源于《中国统计年鉴 2009》人均生活能源消费 2005 年的数据；人均生活用水数据初值来源于《中国统计年鉴 2009》供水用水情况 2005 年的数据；年总用电和气增长率表函数中数据来源于《中国统计年鉴 2002》《中国统计年鉴 2004》《中国统计年鉴 2005》《中国统计年鉴 2006》《中国统计年鉴 2007》按行业分能源消费量，并对各年数据平滑，预测以后各年数据；年总用水表函数中数据来源于《中国统计年鉴 2009》供水用水情况中各年供水的增长率，并对其回归预测以后各年数据，且进行合理调整；年总用电和气初值来源于《中国统计年鉴 2005》按行业分能源消费量；年总用水初值来源于《中国统计年鉴 2009》供水用水情况 2005 年的数据；人均最低居住面积是以重庆市申请廉租房标准；住宅房屋增长率表函数中数据来源于《中国统计年鉴》2000～2008 年数据，获得方法与供水增长率类似；生均教育费用增长率和报销费用增长率都以 2005 年居民消费价格总指数计算；城市学生人数增长率根据《中国统计年鉴 2009》各级各类学校在校学生数中数据求得，并取平均值；城市学生人数为《中国统计年鉴 2009》各级各类学校在校学生数 2005 年的数据乘以当年城镇人口比例；第二、第三产业占国内生产总值比例表函数数据来源于《中国统计年鉴 2009》国内生产总值构成中第二、第三产业比例之和，并通过回归预测以后数据，加以合理调整。

第四节　模型模拟结果分析

根据前文设定的模型方程和参数，我国城市吸纳农民工的模型运行结果如图 5-7、图 5-8 所示。

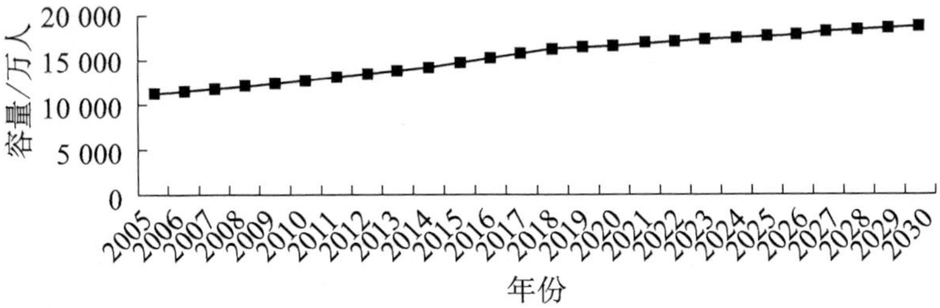

图 5-7　我国城市吸纳农民工容量

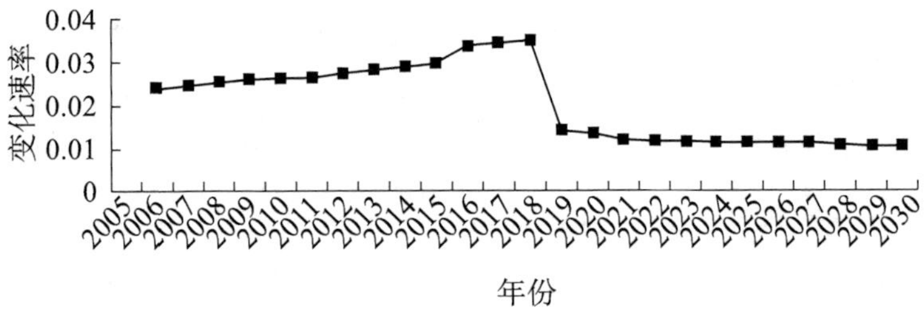

图 5-8　城市吸纳农民工数量变化速率

从图 5-7 和图 5-8 可出，城市吸纳农民工状况，可分两阶段进行分析。

第一阶段（2005～2019 年）：城市吸纳农民工的数量在逐年增加，但增加的速率比较平缓，在 2%～3%。这一阶段，建立在资源消耗型的经济子系统促进了城市对农民工的吸纳，同时社会、资源子系统阻碍了城市对农民工的吸纳。但由于吸纳效果大于阻碍效果，所以城市吸纳农民工的数量还在逐年增加，吸纳的速率也在增加。随着时间的推移，社会子系统、资源子系统的阻碍效果越来越强，导致城市吸纳农民工的增长速度在 2019 年左右发生实质性的改变。

由于从事城市中的都市农业和城中村农业的农民工较少和统计上的局限

性，在这一阶段，我们主要研究了第二、第三产业对农民工的吸纳程度，主要是通过农民工在第二、第三产业从业人员中所占的比例和对第二、第三产业的投资力度来测算城市中第二、第三产业对农民工的吸纳程度。在第二产业中主要研究了建筑业、制造业对农民工的吸纳，其中，建筑业对农民工的吸纳量最大。据测算，到 2019 年，首先，建筑业农民工的数量每年将增加 200 多万人。由于建筑业自身的特点：对体力型农民工要求居多，技能型农民工相比之下很少，而这正与当下许多农民工的自身条件相符。所以随着经济的发展，建筑业无疑是吸纳农民工的重要产业。其次，制造业农民工的数量每年将增加 50 万～100 万人。虽然制造业由劳动密集型转至技术密集型是经济发展的必然结果，企业对农民工素质、技能的要求必将提高许多，但在中国经济发展的这个阶段还是以劳动密集型为主，这个行业也是农民工比较容易进入的一个行业。但意外因素必将存在，如 2008 年 9 月以来，美国次贷危机和金融危机的爆发，沿海一些制造业倒闭，都减少了农民工进城的机会，甚至迫使一些农民工返乡，这些将归入测算误差的范围。在第三产业中主要研究的是技术要求不高、农民工易进入的批发零售和餐饮业。在经济子系统促进农民工进城的同时，社会、资源子系统阻碍效果却逐渐加大，三大子系统共同导致了城市吸纳农民工速率的平缓增长，而不是直线上升。

另外，在经济增长的同时，国家必定会拨出部分财政资金解决农村剩余劳动力问题。为了免去农民工的后顾之忧，国家亦采取了一系列的政策。例如，给农民工办理医疗保险，让其子女在城市就读，消除户籍制度等相关政策，加强了农民工进入城市的动力，有利于城市对农民工的吸纳。

第二阶段（2020～2030 年）：城市对农民工吸纳数量近似线性变化，城市对农民工的吸纳速率骤然下降后，基本保持在 1%。这一阶段，城市对农民工的吸纳程度降低，主要是由于社会、资源子系统的阻碍效果凸显出来了。从资源影响因子和社会影响因子也可以看出，这一阶段的变化相当明显。

在资源子系统方面我们主要研究了水、电、气的综合效用比，以及农民工进城后，城市的居住面积。同样，一个城市的人口容量也是有限制的，它不可能无限制地增加下去，要受到城市规模、资源的限制。在社会子系统方面，主要考察了农民工的医疗保险和子女教育问题，如城市的医疗机构是有限的，城市的学校所能容纳的学生也是有限的。再者，随着经济的发展，国家对农村的扶持力度越来越大，同时，经济发展到一定阶段，工业肩负着反哺农业的重任，为了缓解城市的资源压力，鼓励农民工回乡创业，放宽他们创业贷款条件等优惠政策，究其机会成本和心理成本，也将减少部分农民工进城。届时城乡一体化，也将真正地发挥作用。所以城市吸纳的农民工数量下降将是一个必然趋势。随着经济的发展、城镇化水平的提高，进城的农民工数量也基本上以一个固定的低速率增长。

可见，城市对农民工的吸纳程度，不仅受到经济子系统的促进，还受到资源、社会子系统的阻碍，而社会子系统没有资源子系统的阻碍作用明显。

第五节　模型政策实验

为了验证经济子系统对城市吸纳农民工的促进作用，社会、资源子系统对城市吸纳农民工的阻碍作用，下面我们分别加以研究。

一、经济子系统对城市吸纳农民工的影响

经济子系统中我们主要从产业发展的角度研究我国城市对农民工的吸纳情况。在产业子系统中，对农民工的吸纳起主要作用的是第二产业中的建筑业、制造业和第三产业中的批发零售业和餐饮业。为研究方便，现在我们将这些产业每年的增长率上调一个百分点，而社会、资源子系统参数不变。模型运行结果见图 5-9、图 5-10。

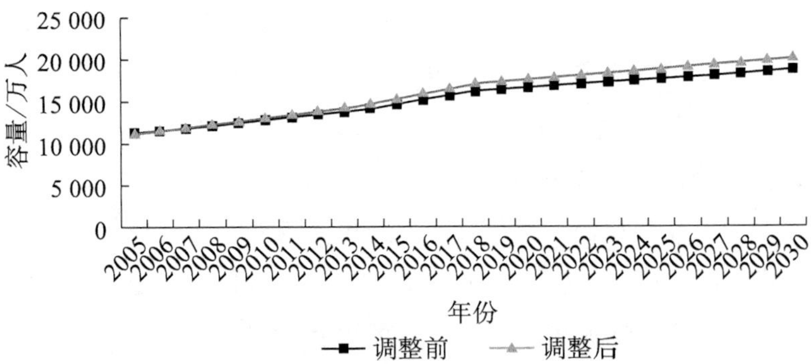

图 5-9　经济子系统对我国城市吸纳农民工的影响

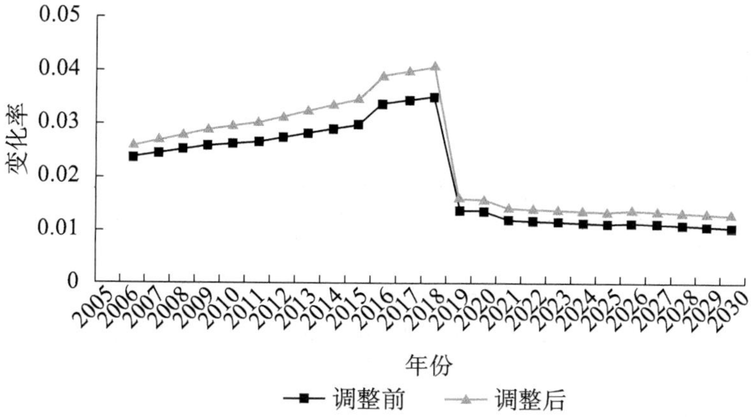

图 5-10　经济子系统影响城市吸纳农民工数量的变化率

从图 5-9 可以看出，经济增长率上调一个百分点后，在 2019 年之前，城市对农民工的吸纳容量加大了，显然一个百分点的经济增长量对农民工的总体数量在图上表现得不是很明显。但可以看出，对农民工的吸纳速率明显发生了转折，这正与我们之前分析的我国城市吸纳的农民工容量吻合。在 2019 年之前，资源、社会子系统确实对城市吸纳农民工起到了一定的阻碍作用，但起促进作用的经济子系统占据主导地位，所以对农民工吸纳的速率在平缓增长。随着时间的推移，社会、资源子系统对城市吸纳农民工的阻碍效果越来越强，在 2019 年左右，社会、资源子系统的阻碍效果极强，导致此时城市吸纳农民工的变化率骤然下降。

由图 5-10 还可以看出，调整后的农民工的增长速度发生了变化，明显高于调整前的总体速度，这也正说明了经济子系统的促进作用。

二、社会子系统对城市吸纳农民工的影响

社会子系统中我们主要考虑了医疗覆盖率和农民工子女在城市就读比例，这两项是农民工比较关心的与其切身利益紧密联系的问题，在此将医疗覆盖率和农民工子女在城市就读比例分别提高 10 个百分点，其他参数保持不变。模型运行结果见图 5-11、图 5-12。

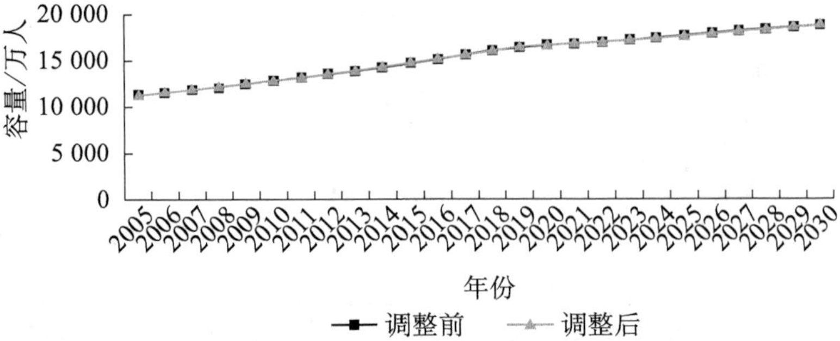

图 5-11　社会子系统对我国城市吸纳农民工的影响

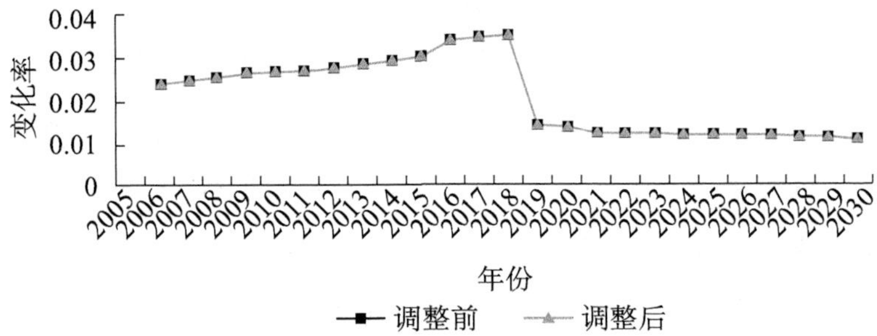

图 5-12　社会子系统影响的城市吸纳农民工变化率

从图 5-11、图 5-12 可以看出，社会子系统对城市吸纳农民工的阻碍作用没有体现出来。这并不是社会子系统对城市吸纳农民工没有阻碍作用，而是在当前形势下，农民工的医疗覆盖率和农民工子女在城市就读比例非常低。这个在 2006 年国务院课题组发布的《中国农民工调研报告》[①] 上也可以看出，这是农民工亟待解决的问题。依现在的发展状况看，还不足以达到社会子系统所限定的阈值，所以我们看不到明显变化。

三、资源子系统对城市吸纳农民工的影响

在资源子系统中，我们主要调整的是与农民工生活密切相关的指标：水、电、气的消费增长率，使其消费增长速率加倍，而其他参数保持不变。运行结果见图 5-13、图 5-14。

① 国务院研究室课题组．2006．中国农民工调研报告．北京：中国言实出版社

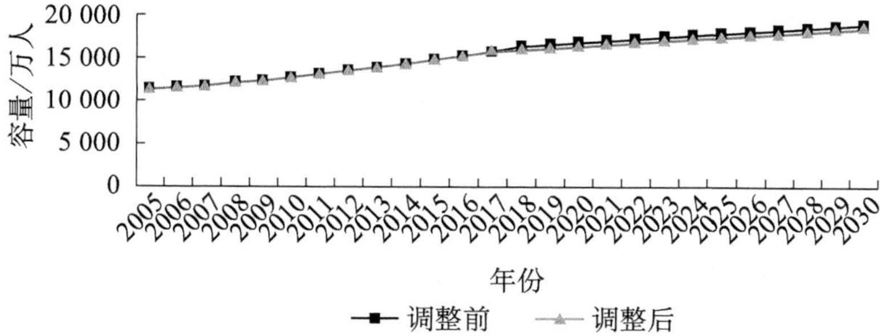

图 5-13　资源子系统对我国城市吸纳农民工的影响

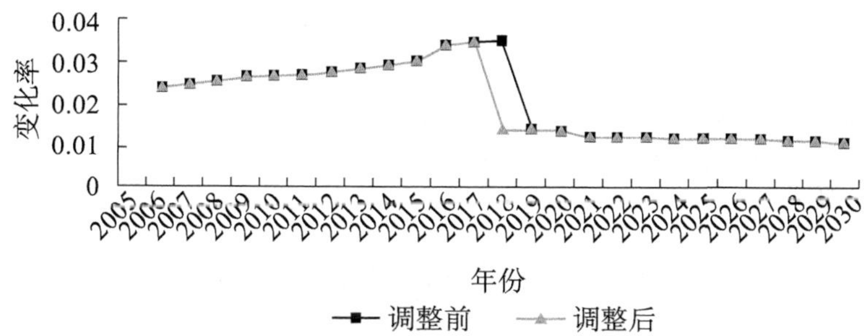

图 5-14　资源子系统影响的城市吸纳农民工数量的变化率

由图 5-13、图 5-14 可以看出，资源子系统对城市吸纳农民工的阻碍作用十分明显。在 2018 年左右，城市对农民工的吸纳速率发生转折，资源的阻碍效果已经十分明显。而我们将水、电、气、消耗量的速度增加一倍，结果城市对农民工的吸纳量明显地发生了转折。在图 5-14 中更可看出，在 2017 年左右，城市吸纳农民工的变化速率发生了改变，比调整前提前了一年多。而在此我们还没有分析在农民工流动过程中，农民工的心理成本等因素，只是单纯地考虑水、电、气三因素值的改变，可见资源子系统所起的阻碍作用是很明显的。

四、三个子系统对城市吸纳农民工系统的影响

现在综合考虑以上三个子系统对城市吸纳农民工的影响情况。经济子系统中将第二产业和第三产业每年增长率上调 1 个百分点；社会系统中将医疗覆盖率和农民工子女在城市就读比例提高 10 个百分点；资源子系统中将水、电、气的消费增长速率加倍。模型运行结果如图 5-15、图 5-16。

显然，集成大系统的调整正是前面论述的三个子系统调整的综合。调整

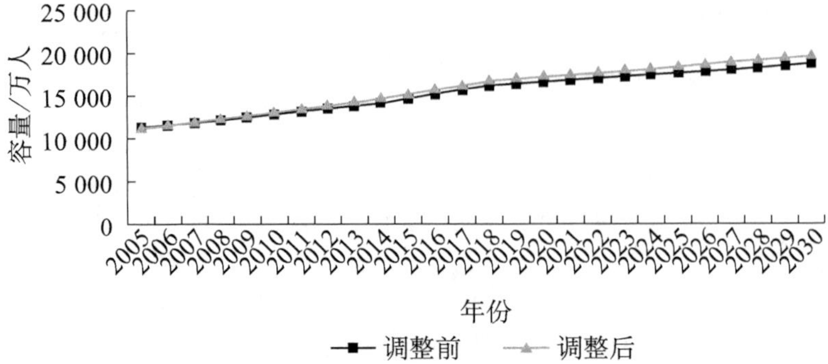

图 5-15　集成大系统对城市吸纳农民工的影响

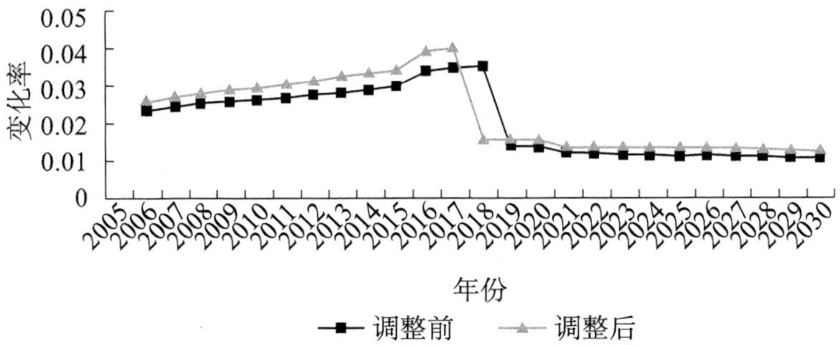

图 5-16　集成大系统影响的城市吸纳农民工数量的变化率

后，城市对农民工的吸纳数量总体是在增加，城市对农民工的吸纳速率是平缓增长到发生实质性的转变时间的提前，显而易见地说明了经济子系统的促进作用，社会、资源子系统的阻碍作用。但是它们不会单方面地独自发生作用：经济的增长，会带动社会、资源方面的投资，同样社会、资源的可持续利用亦会促进经济的增长，所以三个子系统对城市对农民工的吸纳是相互促进、相互制约的。

五、总结

为了农村剩余劳动力充分转移的同时，不影响城市健康、持续的发展，我们从以下方面给出建议。

（1）发展第二产业的同时，加大对第三产业的投资力度。随着经济的快速发展，第三产业将会成为吸纳农民工就业的主要领域；第三产业中的服务业门类多、容量大，适合不同层次的劳动者就业，其中大部分行业进入门槛低，农民工容易进入和适应。

（2）加大对农民工培训的投资力度，提高农民工的技能和素质。我国由劳动密集型的发展方式转为资本密集型的发展方式是经济发展的必然趋势，有利于农民工在城市长久居住。

（3）可持续发展。很多资源并不是取之不尽、用之不竭的。例如，节水，从水资源可持续利用角度来看，节水是提高水资源利用效率和水环境承载力的根本途径，而污染治理、重复利用，也是节约的另一种方式；电、气等也是一样的道理。

（4）农民工是一个弱势群体，国家可以制定专门的保障农民工在城市工作的相关政策，使农民工实实在在地享受到利益；加大对医疗保险、教育经费等的投资力度，尤其在社会子系统方面多做些努力。

第六章
城市吸纳农民工容量的演变规律

改革开放以来，特别是在向市场经济过渡的过程中，我国农村剩余劳动力开始大量地向城市转移。有较多的文献对农村剩余劳动力向城市转移的影响因素进行了探讨，比如，周天勇（2001）；周天勇和胡锋（2007），肖文韬和孙细明（2003）对托达罗模型进行了改进，并得出与原模型一些相反的结论；李晓春和马铁群（2004）对户籍制度下的劳动力转移进行了分析，并得出一些有意义的结论。但这些文献没有分析农村剩余劳动力转移的演化路径是什么？本书试图建立演化博弈模型来加以分析。

第一节　托达罗模型简介

托达罗模型假定农业劳动者迁入城市的动机主要取决于城乡预期收入差距，差距越大，流入城市的人口越多。用公式表示为

$$M = f(d),\ f' > 0 \tag{6-1}$$

式中，M 为人口从农村迁入城市的数量；d 为城乡预期收入差异；$f'>0$ 为人口流动是预期收入差异的增函数。

农业部门预期收入等于未来某年的实际收入，现代工业部门的预期收入则等于未来某年的预期实际收入与城镇就业概率的乘积。这样城市预期收入差异可以表示如下：

$$d = \omega \times \pi - \gamma \tag{6-2}$$

式中，ω 为城市实际工资率；π 为就业概率；γ 为农村平均实际收入。

第二节　托达罗模型的修正

当然，托达罗模型也有其本身的缺点，没有考虑农民工进城的成本和我国的现实情况，已经有较多的文献对此进行了研究。我国学者周天勇（2001）认为，农民工在城市各行业找到工作的概率高低不一，以及农民工外出流向城市的机会成本为零，导致该模型不符合二元结构转换的实践。该模型的政策实践给经济发展带来乡村人口增长过快、生态环境恶化、发展成本太高、比较劣势无法转化为比较优势等问题。肖文韬和孙细明（2003）认为托达罗模型的主要缺陷在于没有考虑农村劳动力转移到城市之后的生活费用（生存成本），致使其不能解释大量农村劳动力流入城市后又马上返回农村的现象；张杰飞（2008）则提出了我国普遍存在的农民工工资兑付风险，以及心理成本——因为农民工在进入城市后面对的是一个完全陌生的环境，减少了与家人亲友的团聚和交流，经常面对寂寞和孤独，这些影响了他们的爱情、婚姻、家庭，以及对子女的教育，而导致比较严重的心理成本。农民工进城除了受到城乡收入差距影响以外，还受到一些其他因素的影响。我国学者叶建亮（2006）研究了公共产品分配政策与城市人口容量之间的相互关系。李晓春和马铁群（2004）讨论了在农村与城市分离的户口政策下农村户口劳动力向城市转移的经济效果。

综上所述，可以得出我国影响农民工进城的成本是多方面的，托达罗模型是在允许人口自由流动且享受非歧视性的公共产品分配政策的条件下研究的，可以简单地用城乡预期收入差异 d 来刻画城市对农民工吸纳的动力。但由于我国特殊的国情，实际上并不满足托达罗模型的条件，所以有必要对托达罗模型进行必要的改进，使其符合我国的现实情况。

本书进一步认为，托达罗模型公式中 M 表示人口从农村迁入城市的数量似乎在理解上有些问题，更准确地说，M 应该表示人口从农村迁入城市的速度而非数量。比如当城乡预期收入差异（大于农民工进城成本）由大变小时，城市吸纳农民工的数量依然在增加，但增加的速度在减缓，托达罗模

型公式中的 $f'>0$ 则说明城市吸纳农民工的数量在减少，显然不符合现实情况。

为了对托达罗模型进行改进，我们首先对农民工进城成本进行分类，按照是否有政府的强制性介入分为诱致性成本和强制性成本。诱致性成本是指农民工涌入城市自发产生的成本，进一步将诱致性成本分为城市的经济、社会、资源三大子系统的约束成本。三大系统的约束成本是指随着农民工进城数量的增加，城市的经济、社会、资源三大系统的约束作用使得农民工在城市工作的成本增加；强制性成本指政府强制性的制度安排所产生的进城成本，比如对城市企业雇用农民工进行数量与工种上的限制，实行歧视性的公共产品分配政策等。只有当城乡预期收入差异大于农民工进城的各项成本之和时，农民工进城的速度才会增加。政府可以通过强制性的制度安排、公共产品的分配政策，以及公共支出（用于缓解经济、社会、资源三大系统的约束）来调整城市对农民工的吸纳能力、控制农民工进城的速度。

下面我们对各种成本的计量进行讨论，关于强制性制度安排的成本，已经有较多的文献进行了研究。但大部分文献侧重于研究制度的制定成本及实施成本，对遵守成本的定量研究涉及很少，而我们需要重点研究的是强制性的制度安排给农民工进城所增加的成本，即遵守成本。

谌新民（1999）在其文章中提到，农民工流入城市要办理计划生育证明、外出务工证明、技术专长证明、暂住证、治安管理费、卫生费等，还需承担超过城市户籍人口的税负、工商管理费用及各种名目繁多的收费，他们在开具这些证明时需支付不少费用。蔡昉（2000）也谈到，当北京市面临严峻的就业形势时，对外来劳动力的数量和允许从事的工种进行控制，一个外地来京的打工者，至少必须持有 5～6 种证明和证件，才有资格在北京市临时就业，而对就业工种的限制肯定会降低托达罗模型中的就业概率，这也是托达罗模型不太适合我国国情的一个因素。我们把开具各种证件和证明的费用，以及降低就业概率导致农民工增加的成本统称为制度的遵守成本，记为 c_0。

用 c_1 表示城市经济系统的约束对农民工进城所产生的成本。经济系统因素比较复杂，如何简化经济系统的约束对农民工进城所产生的成本，是一个值得研究的问题，蔡昉（2000）谈到国有企业与非国有企业都尝试规避政府的限制，而“非法地”雇用外地民工。不过，由于国有企业常常被政府要求执行包括保障职工就业在内的一系列社会性职能，并通过履行这种职能换取政府的软预算约束，所以它们有时表现出排斥农民工的倾向。而非国有企业则希望大量雇用农民工以降低成本，由于农民工本身的生产技术有限，大都从事简单重复的劳动，故当经济衰退时，企业为了降低成本就可能随时解雇农民工。而另外一些掌握复杂劳动技术的城市员工则可能面临隐性失业，企业考虑到一旦经济好转雇用和培训这些员工的费用很高，而将他们留在工作岗位上暂时休闲，但实际上并不干活。由此可见，农民工进入城市企业的人数与经济增长的正相关性要大于城市里面掌握复杂生产技术的企业员工。当经济快速增长时，企业对农民工的需求量大大增加，就有可能突破地方政府的制度限制，违规使用农民工，降低农民工的制度遵守成本。同时，为了招进更多的农民工，会相应提高农民工待遇。当经济衰退时，则与此相反。借鉴奥肯定律，我们将城市经济系统的约束对农民工进城所产生的成本 c_1 用公式表示：$c_1=-\eta$（实际 GDP 增长率－潜在 GDP 增长率）。其中，参数 η 与城市的产业结构、经济总量等有关，但一定时期内，我们可以认为 η 是一个固定值。

用 c_2 表示城市资源系统的约束对农民工进城所产生的成本，其中 c_2 受到城市土地资源的人口容纳量、绿地面积的人口承载力、水资源的人口承载力、能源条件的人口承载力等各方面的影响。举例说明，规划期可供水量除以规划期人均用水量可以得出水资源的人口承载力。不妨将各种资源环境约束条件构成的人口承载力构成一个集合，记为 $B=(L_1, L_2, \cdots, L_i)$，其中 L_i 为第 i 种资源环境的人口承载力。N_2 是从农村转移到城市非正规部门流入人口，L_u 为城市户籍居民，那么集合 $E=(L_u+N_2-L_1, L_u+N_2-L_2, \cdots, L_u+N_2-L_i)=(\Delta L_1, \Delta L_2, \cdots, \Delta L_i)$ 就反映了各种资源环境条件缺失的严重程度。我们不妨将 c_2 理解为集合 E 中大于 0 的元素的加权平均值，即 $c_2=\sum_{t=1}^{i}\omega_t\Delta L_t$，其中 $\Delta L_t>0$。其中 ω_i（$i\geqslant 1$）表示第 i 种资源环境条件约束对转移成本的影响程度。

伴随着农民工的进城，产生了一系列的社会成本，主要包括犯罪成本与心理成本。所谓犯罪成本就是犯罪人在进行犯罪决策、实施犯罪过程中及承担犯罪后果所支付的成本和代价。周路（2004）认为可以用一个简单的公式来表示其构成：犯罪成本＝犯罪直接成本＋犯罪机会成本＋犯罪风险成本，我们把这部分成本记为 c_3。其中犯罪成本主要体现为农民工及其留守儿童犯罪率居高不下，其主要原因为农民工待遇与城市本地居民相差悬殊，难以融入城市。而留守儿童则因为缺乏关爱与监管，易形成性格缺陷导致犯罪。举例如下。一是江苏省海安县人民法院2002～2005年，判决有罪案犯1189人，其中，农民工犯罪人数为243人。[①] 二是徐州市云龙区人民法院管辖云龙、泉山、铜山三个辖区的少年审判案件，其中铜山是农业人口较多、外出务工人数较为集中的一个县区，和其他两个辖区的案件存在明显的差异。铜山辖区的案件呈逐年大幅上升趋势，每年都以超过20%速度递增。在这些案件中，涉及留守儿童的案件比例很高，而其中父母长期在外打工的更是占了大多数，且犯罪呈现出低龄化、暴力性、团伙作案等特点。

农民工进城所产生的心理成本由两部分组成，一部分来自于农民工自己对家人的牵挂，农民工怀揣着挣钱的梦想进入城市，也伴随着他们对留守儿童与老人的牵挂、思念和担忧。特别是当缺乏父母关爱的留守儿童形成诸如性格孤僻、内向、不善言辞、对社会缺乏信任等一些不良的心理疾病时，农民工的愧疚是无法用语言来表达的；另一部分心理成本来自于农民工的心理自卑，农民工难以融入城市，且所从事的大部分工作都是城市市民所不愿意干的，农民工从内心里感到沉重的自卑。关于心理成本的计量是一个比较难的问题，有一些文献，如张杰飞（2008）虽然提出了心理成本的概念，但没有涉及如何计量该成本，本书尝试着对农民工的心理成本进行计量。对第一部分的心理成本，我们可以先测算出将农民工思乡、担忧老人与孩子的情结缓解到零所需要的探亲次数，然后再将探亲次数折算为交通费用，再加上由于探亲所承受的工资损失，即为第一部分心理成本；第二部分的心理成本则可以用“机会成本”来测量，农民工的自卑感造成与就业单位无法直接联系和沟通，从而导致的机会成本作为第二部分心理成本。我们将农民工进城的心理成本记为 c_4。

---

① 参见中华人民共和国最高人民法院 . http：//www. court. gov. cn/news/bulletin/region/200603240016. htm

第三节　演化博弈模型的建立

通过调查，农民工在城市的就业主要是做保姆、卖报纸、建筑工、擦皮鞋、搬运工、餐饮服务员等苦、脏、累的行业。在这些行业里，城市市民不太愿意去从事这些工作，农民工的就业比例相当高。因此，有必要将城市的行业分成两个部门，将工业部门分为正规部门与非正规部门。所谓非正规部门，就是指卖报纸、擦皮鞋、做保姆等相对于“正规”工作而言的小资本、非组织性行业的总和（李晓春和马铁群，2004），在城市的各部门当中，扣除非正规部门，剩余的则为正规部门。周天勇和胡锋（2007）建立了一个农民工城乡收入差距的模型，该模型考虑了在城市非正规部门就业的农民工将城市所得收入汇回农村，并将该汇回的收入计入农村的总收入，用包括汇回收入的农村人均收入（在计算农村人均收入时，包括在城市打工的农业人口）与农民工在城市就业的收入进行比较来衡量农民工城乡收入的差距。笔者以为，周天勇和胡锋（2007）没有考虑农村的边际生产率递减问题，伴随着农民工进城，农村隐性失业问题得到部分解决，在农村务农的农民人均收入也会提高，因此在计算农村人均收入时，应该将在城市打工的农民数量给予扣除，另外不应该将在城市打工的农民收入计算成农业总收入。实质上具体到某个农民是否进入城市只取决于三个因素：在农村务农的收入、在城市就业的收入及进入城市的成本。故在参考周天勇和胡锋（2007）模型的基础上，构建基本模型，首先对各变量界定如下。

ω_0、ω_1分别为城市非正规部门与正规部门的实际工资；π_0、π_1分别为城市非正规部门与正规部门的就业概率；A 是农业总收入，并且假定农业总收入不随人口流出而减少；N_1为在农村务农的农业人口；N_2 为在城市非正规部门就业的农业人口；N_3为在城市正规部门就业的农业人口，其中 $N_1+N_2+N_3=N$，N 为原来的农业总人口。不失一般性，我们假定农民工先进入城市非正规部门就业，然后通过人力资本投资，进入正规部门就业。

那么，农民工进入城市非正规部门就业的动力来源于：

$$d_0=\omega_0\pi_0-A/N_1-c_0-c_1-c_2-c_3-c_4, \quad (6\text{-}3)$$

在城市非正规部门就业的农民工如果想进入正规部门就业，享受完全的市民待遇，需要支付人力资本投资，假定为 c_e。那么，农民工由非正规部门转到正规部门就业的动力由式（6-4）决定，

$$d_1=\omega_1\pi_1-c_e-\omega_0\pi_0 \quad (6\text{-}4)$$

而现实的情况是，很少有农民工从城市非正规部门转到正规部门就业，主要原因有以下几点：一是农民工赚钱不容易，不愿意支付人力资本投资；二是其就业的企业单位鉴于农民工的流动性较大，也不愿意支付人力资本投资；三是第一代农民工文化水平比较低，大多只具有小学、初中水平，起点低、培训费用高。第二代农民工具有高中学历的比较多，但如果需要脱岗进一步学习则面临学习完后激烈的就业竞争，现阶段农民工一般选择放弃进一步的脱岗学习。故本书只考虑农民工进入城市非正规部门就业的情况。

按照演化博弈的观点，从农村转移到城市非正规部门就业的人数取决于两个因素：预期收入差异及可以模仿的对象 N_2，那么，单位时间内从农村转移到城市非正规部门就业的人数就可以用下式表达：

$$\frac{dN_2}{dt}=d_0\times N_2=(\omega_0\pi_0-A/N_1-c_0-c_1-c_2-c_3-c_4)\times N_2 \quad (6\text{-}5)$$

在参考邓大松和孟颖颖（2008）的基础上，我们可以用式（6-5）来分析我国农村剩余劳动力向城市转移的几个阶段，城市对农民工吸纳的速度具体见图6-1。

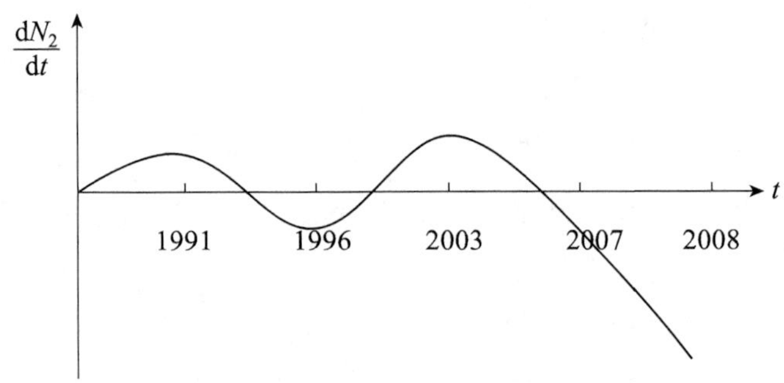

图 6-1 城市吸纳农民工动态平衡阶段趋势图

第四节　城市对农民工吸纳的规律及政府的调控与引导分析

第一阶段（1985～1991 年）：这一阶段，我国的农村经济体制改革使得大量的农村剩余劳动力从土地当中解放出来，且联产承包责任制对农业生产的作用越来越弱。而同期城市第二产业迅速发展，1986 年 7 月国务院颁布《关于国营企业招用工人的暂行规定》，指出城镇和农村人员均可报考企业招工。1988 年 7 月劳动部颁布的《关于加强贫困地区劳动力资源开发工作的通知》中，将劳务输出作为贫困地区劳动力资源开发的重点。从政策层面看，中国政府开始放松对农村剩余劳动力转移的限制，并且鼓励农民工向因经济快速发展而缺少劳动力的城市流动。政策层面的解冻相当于 c_0 的下降，而城乡收入差距 $\omega_0\pi_0-A/N_1$ 呈扩大趋势，农民工流动的动力增强，d_0 的增加必然导致农民工在比较短的时间内涌入城市，且速度越来越快。

第二阶段（1991～1996 年）：政策层面的解冻及城乡收入差距的扩大，必然导致大量的农民工流向城市，给城市的社会、经济、资源三大系统带来一系列的冲击，尤其是当城市本身因国有企业改制面临着下岗职工再就业的巨大压力时，政府开始采取有针对性地控制农民工流动的政策。比如，国务院 1991 年 7 月发布《全民所有制企业招用农民合同制工人的规定》，明确指出企业招用农民工必须报经省级人民政府或其授权的设区的市级人民政府批准。政府出于保证城镇职工的再就业而出台一些地方政策限制农民工进城，如采取就业证和改革中小城镇户籍管理制度等措施。即通过增加模型当中的 c_0，而同时伴随着大量农民工涌入城市造成了 c_1、c_2、c_3 的上升，必然使得农民工进城的速度 $\mathrm{d}N_2/\mathrm{d}t$ 减缓。

第三阶段（1997～2003 年）：在这一阶段，政府对待农民工的政策出现了较大的转变。2001 年 3 月，第九届全国人民代表大会四次会议批准的《中华人民共和国国民经济和社会发展第十个五年计划纲要》中指出要打破城乡分割体制，逐步建立市场经济体制下的新型城乡关系，改革城镇户籍制度，形成城乡人口有序流动的机制，取消对农村劳动力进入城镇就业的不合理限制，引导农村富余劳动力在城乡、地区间有序流动。农村剩余劳动力开始大规模地向城市转移，据国务院研究室 2006 年发布《中国农民工调研报告》中的数据显示，2003 年农村劳动力外出务工数量为 1.1 亿人，比 2002 年增长 8.6%。在模型当中，相当于政府从政策层面上尽量地减少农民工流动成本中的 c_0；同期城市的基础设施建设加快，减少了农民工进城的资源约束 c_2，快速增长的非国有经济出于降低人力资源成本的目的加大了对农民工的需求，降低了 c_1，城市吸纳农民工的速度得到空前的增大。

第四阶段（2004～2007 年）：从 2004 年春开始，我国珠江三角洲、长江三角洲和闽东南等地相继出现较为严重的民工短缺现象，用工紧张状况愈演愈烈。出现“民工荒”的原因主要有以下三点：①长期依赖廉价劳动力获得竞争优势的我国沿海企业一再压低工人工资 ω_0 甚至拖欠工资，并且伴随城市生活的 c_1、c_2、c_3 的上升；②国家出台各种政策减轻农民负担，使得农业生产的收益 A 相对提高；③进城务工的机会成本上升。由于大量农村青壮年涌入城市，N_1 逐渐较少，农村人均收入 A/N_1 增加，农村留守的青壮年劳动力在农忙时节的劳动力价格大幅上升。2001 年，四川某农村在农忙时节雇用请青壮劳动力帮忙一天的劳动报酬为 30～40 元，而到了 2005 年就涨到了 80 元左右，这使得农村剩余劳动力进城务工的机会成本大幅上升。农民工进城务工的动力 d_0 开始大幅度减少，甚至开始出现负值，导致大量农民工主动回流农村，从事农业生产。

第五阶段（2008 年至今）：2008 年美国金融危机对我国经济的影响开始显现，由于海外订单的大幅度减少，我国沿海不少企业被迫停产、倒闭、减薪，相对于第四阶段而言，更多的农民工被动地离开城市，返回农村。在这一阶段 d_0 明显为负值，农民工在城市找不到工作或虽然有工作但薪水大幅减少，却承担城市生活费用的大幅上涨，城市对农民工的吸纳能力大幅度下降，从而使得农民工返乡由主动变为被动，给农民增收带来了不利的影响。政府在此期间成立了返乡农民工创业基金，积极引导返乡农民工自主创业。

从以上的分析我们可以得出，1985～2003 年，政府调控农民工进入城市的速度主要站在城市的角度，从城市经济社会的需求出发制定限制或放宽农民工进城的制度。而 2004 年后，政府则主要站在农村的角度通过各种支农政策增加农民收入来调控农民工进城的速度。本书认为政府在以后的制度制定当中，应该同时从城市与农村两个角度出发对农民工进城的速度进行调控，可能效果会更好。

第七章 城市吸纳农民工容量的相关政策与制度安排

2010年2月5日，中共中央政治局常委、国务院副总理李克强在中央举办的省部级主要领导干部贯彻落实科学发展观加快经济发展方式转变专题研讨班上的重要讲话中指出，“推进城镇化既要积极，也要稳妥，统筹考虑并不断提高城市综合承载能力，把符合条件的农业人口逐步转变为城市居民，努力走出一条中国特色城镇化道路”。而从前面的分析来看，城市吸纳农民工容量是一个多维系统。考察古今中外各个城市发展的历史过程会发现，一个城市的最大人口容量绝不是一成不变的，随着社会经济条件的发展，一个城市的最大人口容量是不断发展壮大的，城市的生产生活设施也会围绕最大人口容量来规划建设。因此要增强城市对农民工的吸纳能力，需从城市的自然容量、经济容量、社会容量三个维度出发，不断提升城市的综合承载能力，尤其是从社会容量和经济容量视角统筹考虑城市对农民工的吸纳问题。

第一节 创造公平就业环境，增强农民工可持续就业能力

一、建立健全城乡统一平等的劳动力市场制度

按照城乡一体、平等就业的原则，深化二元户籍制度改革，逐步放宽入户门槛限制，阶段性剥离依附在户口身份上的福利与服务差别，为农民工平等就业创造条件。降低农民工乡城迁徙就业，尤其是跨区域就业的门槛，取缔对农民工就业的各类行政审批、办证和变相收费，以及职业工种限制，彻底消除进城农民工就业的各种制度限制。尽快清理歧视进城农民工就业的各类规定，创造公平统一的劳动力流动机制和就业环境，让户籍差别不再成为获得“同工同

酬、同工同时、同工同权”的制度障碍。进一步做好为农民工平等就业提供的各类服务，在项目建设、政策性资金投入等安排上公平对待，立足于建立城乡统一的劳动力就业市场。在城市公共服务体系建设上，不以流出地、流入地或本地人、外地人为标准来区别对待，流出地和流入地都应该为外出或外来就业人口提供不以户籍为条件的包括政策咨询、就业信息和职业介绍等基本服务。同时，鼓励和引导社会资本参与城乡一体的就业服务市场建设，积极培育民间中介服务组织，建立技能培训、职业介绍、信息反馈高效衔接的一体化组织，为农民工和相关企事业单位提供有效率、可持续的服务。

规范和完善以政府投入为主的就业组织和社会职业介绍机构，发挥其作为农民工进城就业的主渠道作用，在法律法规尚不完善的情形下，最大程度保障农民工进城就业的正规渠道通畅、廉洁和高效。地方公共就业服务机构应向农民工开放并提供普惠制服务，争取建立供需直接对话的劳动力市场，允许合法的各类中介服务组织进入市场提供“一站式”或“保姆式”服务。政府相关部门应各司其职作好宣传和强化监管，规范中介服务组织的行为，确保农民工和用人单位的合法正当权益，形成健康的就业市场秩序；在地方各类大众媒体的公益广告中建立用人单位、职业及工种信息发布专栏，方便农民工求职并降低其“搜寻工作”的成本；根据农民工往返式流动就业的特点，动员并建立以政府公共就业服务机构集中提供综合性服务为主、各类民间就业服务组织积极参与，劳动、公安、工商、人事等政府相关部门联合工作的城乡一体的劳动力市场机制。

二、建立和完善高效有序的一体化就业市场

围绕建立城乡一体的就业市场目标，消除以户籍身份为界的平等就业选择权差别，让城乡劳动者在城乡一体的劳动力就业市场拥有均等的机会。特别是在建设农民工就业市场的过程中，地方政府部门的首要职责应是致力于创造公平的竞争性制度环境，积极培育形成覆盖所有劳动者的多层次就业市场体系，建立、健全相关政策、法律、法规，确保农民工权益落到实处。

在今后较长时期内，地方政府部门应坚决推进《劳动合同法》的贯彻落实，倡导劳资双方平等协商，实行劳动合同制，强化监管责任，为建立合理的劳动

关系、平等的劳动争议解决机制、合法的农民工权益保护机制奠定基础。不断提高合同签订率，扭转对农民工权益保护不利的劳动合同现状，逐渐缩小非正规用工但不实行合同制的企业范围，对劳动合同公证收费等可降低标准，或取消或一定比例纳入财政补贴范围。通过《就业促进法》的贯彻落实，规范企业用工行为，促进农民工平等就业和自主择业的同时，坚决拆除导致城乡之间及其内部劳动力市场分层的各种“樊篱”，推进形成城乡一体、规范有序、平等竞争的劳动力就业市场，降低农民工及其家庭通过稳定就业实现永久性移居城市的阻力和成本。

高度重视信息化建设对城乡一体劳动力就业市场的支撑作用。加强对各地尤其是发达地区和城市企业用工需求与农民工就业状况信息的跟踪采集，结合各类公共职业服务机构网络和大型专业劳动力就业市场的信息渠道，实行劳动力就业市场供求信息共享和跨区域、跨行业网络化管理。对劳动力输出地为主的欠发达地区，加强对本地劳动力资源存量、流出劳动力就业状况和技能培训等基础信息的采集工作。利用区域和行业劳动力供求信息网络平台资源，加强对劳动力市场的综合分析与宏观预测。建立分区域、多层次的劳动力市场供需状况定期和不定期报告机制，保证农民工、各类服务机构（包括技能培训机构、职业介绍组织等）和用工企业三者之间的信息通畅。

三、健全公共财政和社会资金相结合的职业教育与技能培训体系

提高受教育水平、参加专业技能培训能够增强再就业的能力并创造就业机会。农民工受教育程度和专业技术水平整体偏低，是影响他们进入城市正规就业市场的主要障碍之一，而绝大多数农民工长期滞留在非正规就业市场又不利于城乡一体的劳动力就业市场建设。因此，应以提高农民工就业能力为抓手，建立多层级的农民工就业服务基地，加强以文化素质和专业技能提升为主的职业教育与技能培训，提高就业的针对性和一次性签约率，缩小劳动力市场中因户籍身份不同而造成的人力资本差距，营造一个更富有竞争性的劳动力市场环境。

整合职业教育和专业技能培训的各类资源，建立政府主导、社会参与、公私合作、多部门协同、现场培训与远程网络教育相结合的教育培训体系。第一，

要强化政府对农民工教育培训工作的宏观指导。编制农民工教育培训规划，加强农民工教育培训的宣传工作，形成关心农民工、重视农民工人力资本累积的社会氛围。第二，要建立由政府、用工企业和个人三方共担为主，社会捐款补充相结合的多元化的农民工教育培训投入机制。建立政府财政投入农民工教育培训补贴制度，提高财政资金用于农民工教育培训的比例，最好是从中央和地方各级财政中安排专项经费专款专用于农民工的教育培训扶持；用工企业则应以不低于职工平均教育培训经费的标准安排专门针对农民工教育培训的经费。第三，建立以市场需求为导向的农民工教育培训招投标机制，允许各类教育培训机构平等竞争，给予农民工自主选择教育培训机构的权利。通过政府部门举办的农民工教育培训项目和各类社会培训机构的分工协作，实现优化各级各类教育培训资源的目标。第四，要建立用工企业对农民工职业技能的教育培训制度。政府和行业主管部门应进一步完善相关法律法规，强化对企业是否按规定提取和使用职业教育与技能培训经费的监督工作，可定期或不定期地检查和考核企业职工是否达到国家规定的职业技能标准。第五，要积极推行国家职业技能资格认证制度，通过农民工所取得的职业技能资格证书来评估用工企业对农民工教育培训的投入情况，并奖优罚劣。第六，要积极探索农民工职业技能教育培训机制创新，应根据劳动力就业市场供需信息变化，对所设置专业和教育培训方向进行适时调整，重视教育培训与就业输送的结合，提供订单培训等多样化服务。

第二节 大力发展公（廉）租房，改善农民工的居住生活条件

一、实行廉租房与公租房并存的“一房两制”

世界上没有一个国家可以承受人人都有自己的产权房。在我国目前的城市住房供应体系中，农民工从经济实力而言一般是不会去购买普通商品住房的；经济适用房制度又将农民工排除在申购范围之外。由于农民工在城市中主要是解决其工作期间的居住问题，公（廉）租住房制度是比较适合的（曹让宏，

2009)。为农民工提供公（廉）租住房，一方面改善了农民工的居住条件，农民工可以实现居者“有”其屋；另一方面又减少了他们在住房方面的支出，增加了农民工的实际收入，可进一步增强城市对农民工的吸纳能力。

实行廉租房与公租房并存的“一房两制”，“一房两制”是指公租房和廉租房两者的租赁条件不同，但可以互相转换（谭禹，2010)。建立公（廉）租房保障是政府服务的应有责任，将新毕业大中专毕业生、城市退伍军人及农村转户进城的退伍军人、在城市打工的农民工和城市收入较低且住房困难家庭统一纳入公（廉）租房不是政府的额外负担。公（廉）租房既可以调节商品房市场价和私有房租赁价，稳定农民工等外来人口和本地困难家庭的生存居住最低保障，也可保障农民工和城市困难居民有均等地参与公（廉）租房申请的机会，减少社会动迁矛盾冲突，促使社会逐步恢复理性。在公（廉）租房申请环节，推行“三审三公示”制度，该制度是指首先由申请人自我填表，居委会（社区）入户调查、评议，符合条件的张榜公示；居委会（社区）将公示结果报区县政府，由区县政府再委托街办组织调查、评议、复核，区县政府对复核结果审查后张榜公示；区县政府再将结果报省市政府，省市政府及时委托本级房地产行政主管部门调查核实，之后，报省市政府核准，并在政府网站和当地媒体向社会公示。

二、积极解决公（廉）租房用地与建设环节的问题

公（廉）租房在全国仍然是“新生事物”，由于缺乏更多的相关实践经验积累，在用地和建设起步之初都还存在不少问题，需要尽快予以解决（黄小虎，2010)。

(1) 用地供应和土地登记发证环节的进展相对较慢，应着重解决两个问题。①加强相关部门之间的合作。保障性住房建设涉及的部门较多，而相关部门之间信息未及时沟通，特别是个别地方在项目选址过程中，未通知国土部门参与，导致不能及时指导用地报件，用地申报单位也未及时提供相关材料，从而延长了办理供地手续。②保障供地审批等有关手续及时到位，国土部门在把好材料审查关的同时，要加强对相关部门的业务指导，避免因申请材料不全而影响办理土地登记发证手续。

(2) 尽快落实相关扶持政策，增强多元化资金参与公（廉）租房建设的热

情，增加廉租住房供应量。主要内容包括：尽快出台中央资金扶持政策；将地方政府建设公（廉）租房的目标效果纳入评估考核体系；创新建设和政策扶持模式，提高民间资本参与公（廉）租房建设的热情；政府可以集中新建、配建公（廉）租房和购买存量低价位商品房或二手房用于公（廉）租房。

三、建立公（廉）租房的动态管理机制

从国外公（廉）租房建设与运行管理的实践来看，在不同阶段其保障的群体及对象会发生变化，而租房市场的租金也会随着经济发展水平波动。因此，应建立公（廉）租房动态管理制度，形成良性互动的进退机制（任鹏充和任芃兴，2010）。

（1）对所保障的包含农民工在内的群体实行动态管理，建立主动申请和定期评估机制。对因收入发生变化、家庭人口发生变化或住房情况发生变化等有可能影响保障的类型或可以享受保障的条件进行评估，对已经不符合公（廉）租住房享受条件的或迫切需要享受公（廉）租住房的应按规定及时处理，以把最有效的公共资源进行更合理的分配。

（2）对公（廉）住房租金实行动态管理，建立动态评估与调整机制。对经济发展和居民收入整体水平提高所影响的房屋租赁市场价格的变化，公（廉）租房也需要做出适应性调整，以发挥价格调节市场的“杠杆”功能。

第三节　强化社会保障支撑，降低农民工的生活成本

在传统体制下，在大工业集中的城市实行与农村不同的最低生活费用优惠政策，尤其是在物质匮乏的年代，必然采取措施控制城市人口规模，二元户籍制度由此产生，即实行城乡有别的户口登记制度与限制迁移制度，并在此基础上形成城市倾向的各种管理制度，包括社会保障制度是城乡有别并严重偏向城市的。城镇社会保障制度具有“就业、保险与福利”三位一体的特点，为城镇劳动者及其家属提供相对较全面的福利保障，以实现“低工资、高就业”。而在广大农村，社会保障制度的项目少、水平低。在集体经济时期，主要包括“五

保供养”制度、合作医疗、军人优抚保障和灾害救济等（樊小钢，2003）。在经济体制改革进程中，社会管理体制改革相对滞后的结果是大规模流动进城的农民工缺乏劳动保护、医疗保障、失业救济和老年保障等，城市对农民工的吸纳更多的是“年轻时进城、年长时返乡”，没能形成农民工持久、稳定地留在城市的机制（刘志远，2010）。因此，改革社会保障制度，建立覆盖农民工及其他流动人群的社会保障体系，将进一步增强城市对农民工的吸纳能力。具体地讲，当务之急是在完善农民工社会保障制度的法律运行机制和推进农民工社会保障体系信息化的基础上，构建包括工伤保障和疾病保障在内的健康保障、失业保障和养老保障体系（田萱，2004）。

一、农民工的健康保障优先

首先，把农民工纳入工伤保险制度。当前，农民工工伤事故层出不穷、职业病群体规模惊人，导致劳资纠纷众多，决定了工伤保险应当作为农民工社会保障制度最基本的项目。但更应该加强农民工健康的事前预防；加强《安全生产法》、《职业病防治法》的执法监督检查；增强农民工的维权能力，改善劳动条件。

其次，分类分层建立农民工疾病保障制度。疾病尤其是重大疾病不仅导致农民工失业，而且容易陷入贫困境地，使得疾病保障成为农民工的现实需要（段玉恩和万敏，2010）。对此，可以在对农民工进行分类的基础上区别对待（宗成峰，2008）：第一类是已经城市化的农民工，占15%～20%，多年在城市工作，职业稳定、生活来源和住所相对固定，已经成为产业工人的一部分，要通过户籍制度改革，把他们纳入城市职工基本医疗保险制度。第二类是季节性农民工，只在农闲的时候外出打工，平时大部分时间待在农村，应把他们纳入正在建立的新型农村合作医疗制度。第三类是大量流动的农民工，没有固定住所和稳定的岗位，占农民工的60%以上，将来有可能转化为市民，也有可能继续当农民，有几种方案可供选择。第一种方案是在政府支持引导下建立过渡性的互助医疗保险制度，通过农民工缴费、社会募捐等方式形成一笔基金，解决农民工的大病统筹问题。农民工可根据在当地服务时间长短和对社会的贡献大小来确定享受医疗保障待遇的标准。第二种方案适合于商业保险比较发达的地区，在政府引导下通过商业保险来解决，充分利用市场机制。第三种方案是发展社会救助事业，帮助农民工解决医疗等困难。一方面，动员政府、社会和雇主拿出适当的财力，建立以农民工为主体的流动人口社会救济制度，或者财力较好的城市可以在面向市民的医疗救助中给农民工开一个口子，防止农民工遇到特殊困难而陷入绝望境地。另一方面，发展慈善事业，发挥第三次分配的调节作用。

二、农民工的失业保障为辅

失业保障是现代社会保障制度中起步较晚、发展滞后的一项。鉴于各种因素，农民工的失业保障制度，适宜“多策并举”，不强求整齐划一（陶相根，2010）。一是以土地作为农民工失业后保障的过渡措施。二是有条件的地方可以把农民工纳入城镇失业保险制度。把失业保险扩大到农民工，为签定劳动合同的农民工提供一次性生活补助金或生活补助费。三是城市可为失业农民工提供一些帮助以渡过难关。如政府管理部门提供“公共劳动”为失业农民工提供“最低生存保障制度”。

三、农民工的养老保障压轴

由于土地保障功能不断下降、农民工务工收入偏低，农民工将来自我养老困难，又由于计划生育政策、市场经济的价值观，以及农民工法制意识淡薄，农民工依靠家庭养老也会遇到很多困难，这也是城市对农民工的吸纳能力不足的重要反映（陈天祥和饶先艳，2010）。因此，建立农民工的社会养老保障是增强城市吸纳农民工的可行的也是唯一的出路。事实上，实际支付农民工养老金是在二三十年之后，可用这笔基金弥补城镇养老保障体系的收支缺口，促进整个养老保障制度的可持续发展。建立城市农民工养老保险制度需要明确三个基本内容。

（1）参保范围。用人单位和与之形成劳动关系的农民工都要参加养老保险，缴纳养老保险费。

（2）养老保险费。用人单位和农民工共同承担养老保险费。用人单位以上一年所在城市职工最低工资标准的一定比例，按招用的农民工人数按月缴纳养老保险费。农民工本人以上一年所在城市职工月最低工资标准为基数，确定缴费比例，由用人单位在发放工资时代为扣缴。社会保险经办机构为农民工按缴费工资基数的一定比例建立个人账户。

(3) 农民工与用人单位终止劳动关系后养老保险金的支取。农民工个人账户存储额，只有在本人达到养老年龄时（男性一般年满 60 周岁，女性一般年满 50 周岁），才能支取。农民工在达到国家规定养老年龄前死亡，其个人账户存储额中的个人缴费部分可以继承。基本养老金按享受一次性养老待遇处理。

(4) 农民工与用人单位解除劳动关系后重新就业的养老保险关系接续。在本行政区域内重新就业的，可以接续养老保险关系，由社会保险经办机构接转其缴费记录，只接续养老保险关系，不转移养老保险基金；跨统筹区域就业的，可以转移养老保险关系，其个人账户全部随同转移；回农村的，可以保留养老保险关系，将其个人账户封存，作为其接续养老保险关系的依据，待在本市重新就业后，继续缴纳养老保险费，其缴费年限可以累计计算。

四、建立差别分担的农民工社会保障多级资金筹集机制

为确保绝大多数以农民工为代表的流动人口能平等享有城市基本社会保障，可根据经济发展水平将全国或各地区划分为欠发达地区和非欠发达地区，有差别地划分省（市）、区（县）、镇（村）的资金负担比例，对来自欠发达地区的农民工实施财政支持政策（简新华和张建伟，2005）。例如，农民工养老保险基金的筹集，除农民工个人缴纳外，其余部分由省（市）、区（县）、镇（村）三级按一定的比例分担；最低生活保障费由省（市）、区（县）、镇（村）按一定的比例分担。但对来自欠发达地区农民工负担的社保、最低生活保障等费用，均由省（市）、区（县）财政分担。其中，属欠发达地区镇（村），其分担部分由省（市）、区（县）按一定的比例（6∶4）分担；属非欠发达镇（村），其分担部分由省（市）、区（县）按一定的比例（4∶6）分担。对农民工的基本医疗保险，也先按经济发展水平将镇划分为一类、二类、三类和四类（一类属经济基础较差，四类属经济基础较好），然后有差别地分担市镇财政投入比例，市财政负担比率分别为 80%、60%、40%和 20%，其余部分由镇财政负担。这种政策减轻了欠发达地区的财政负担和集体负担，保证了社会保障费用能及时足额

到位，使一体化得以公平和有效推进。

第四节　倡导平等的城市文化，舒缓农民工的精神压力

现阶段，我国农民工由于受户籍制度的约束，在他们没有通过其他途径获得城市户口之前，城市不承认其城市居民身份，从而也就不能享受到城市居民的就业政策、保障措施、子女入学优惠等一系列社会待遇（段玉恩和万敏，2010）。在此背景下，尽管农民工从生活方式、生活规律、生活节奏都在向城市看齐，但由于现实存在的社会差别，农民工有一种强烈的自卑心理，在与城市人的比较中处于明显的劣势；而农民工与在农村中的农民相比，则又占据比较优势。在这种权衡过程中，农民工认同了自己农民的身份，从而在同城市居民打交道的时候，还是保留着突出的心理距离。加上城市居民的传统偏见，“农民工是城市建设者”的观念虽然已被大多数人认同，但许多城市居民对农民工还抱有戒备、不满的情绪，甚至看不起乡下人，总认为城市人与生俱来就高人一等，有着较强的优越性。这种体验与事实上的反差，让城市对农民工吸纳既产生引力又有排斥力（朱力，2001）。因此，为增强城市对农民工精神文化及心理方面的吸纳力，可从以下几个方面入手重建城市农民工与城市居民一样平等的精神家园。

一、多渠道地满足农民工对科学文化知识的追求

农民工中有相当数量素质不高的文盲、半文盲，他们对文化的渴求主要源自实践的需要（郑月琴，2005）。为避免因城市倾向的制度安排等造成农民工科学文化知识缺乏和技能萎缩，尤其是新生代农民工在城市遭受就业挫折后被动返回农村容易产生困惑和失望，城市管理者和企业应该主动帮助农民工本人和关心农民工子女接受教育或继续教育，通过各种知识与技能提升的教育、培训体系，让农民工不断学习，接受新知识、新技能，转变生活方式，适应角色的转变，增强融入城市的能力。

二、丰富农民工的业余文化生活

在满足农民工学习科学文化知识与提升技能的需要，以及一般的社会教育需要（如法制、社会文明教育等）的同时，建立社区服务机构，为解决农民工的就业、居住和必要的文化娱乐提供便利条件，还可以在农民工居住集聚的地方开展一些城市社区型的公共活动。农民工的业余生活中只有打牌、看录像和电视、睡觉等简单的生活方式，应改变这种方式，增强农民工对城市的认同感、融入度（朱力，2005）。比如，可利用传统节日开展民间文艺演出、体育竞赛、民工之夜卡拉 OK、科技与文化入社区、电影夜市等活动，丰富农民工的业余文化生活，从而培养农民工的法治观念、学习精神、开放心态、责任意识等（夏国锋和陆继峰，2006）。

三、改善农民工的社会环境

要增强城市吸纳农民工的潜力需要营造一个良好的城市社会环境。首先，城市治理者应确立农民工的社会地位。在户籍制度没有能够打破之前，应该大力宣扬农民工是城市建设中一支不可或缺的力量，要充分肯定农民工的社会贡献。其次，城市治理者要成为关怀农民工的表率。面对农民工劳资纠纷、子女入学难和就业难等突出问题，城市治理者应该出台切实可行的政策措施，让农民工享受到公共部门的服务，感受到来自城市的关怀。最后，要转变城市居民对农民工的歧视态度。要做好城市居民和农民工双方的引导工作，城市居民应放下自己居优势地位的意识，客观地看待农民工，接纳、认同农民工，进而互帮互助。农民工也不能始终把自己圈在“血缘、业缘、地缘”的社会里，要改变对城里人的敌对意识，把自己看成是建设美丽城市的一分子，要有责任感和平等意识。

四、实现农民工的组织诉求

进城农民工处于一种松散的组织关系当中，身份属于农村，而农村实际上不可能对其实行多少管理；由于不属于城市居民，城市也很少对农民工进行实质性的管理。这样，农民工的权利保障就出现了缺漏（张玉香，2008）。在经济利益问题上，当农民工遇到劳资纠纷等困难时，往往只能靠自身和老乡朋友的力量。虽然工会已明确接纳农民工，但由于农民工工作的不稳定性和就业的无组织化，真正通过工会来维护农民工群体的利益还十分困难。在政治权利上，农民工要实现在村庄中的民主政治权利缺乏有效的保障。许多研究都表明，农民工在村委会的选举中由于主观和客观的因素，其政治参与意识和能力在弱化。农民工要在就业的城市谋求政治权利更是艰难，也很少有这样的机制。因此，不管是利益需求，还是政治需求，农民工都有强烈的组织诉求。他们需要组织维护自己的权益，需要通过组织改变自己信息封闭的现状，需要组织的力量来得到社会的承认。社会和城市治理者必须认识到这种诉求的存在并做出回应。一方面，工会对农民工的帮助应当做到切实可行，改变农民工的弱势地位，使农民工在工会那里可以找到“家”的感觉。另一方面，工会可能并不是有效维护农民工合法权益的最好组织形式，也可以考虑建立其他的适合农民工的社会组织，如“农民工协会”等。一个有效的组织机制将会使农民工的整体素质得到提高，一个能满足农民工组织诉求的城市也会对农民工有更强的吸引力。

第五节　广开农民工的就业渠道，增强城市内生性人口吸纳能力

我国城乡长时期面临沉重的就业压力。农业人口向非农产业转移，向城镇转移，必须广开门路，多渠道并举，多形式并存，多层次展开，努力实现合理有序的流动。

一、注重引导农民工在流动城市地域上的远近结合

在地域流向上，引导农民异地转移与就地、就近转移相结合。加快城镇化进程，为农民进城就业创造更多的机会，是解决好农民工问题的根本出路。城镇化是一个重大的经济社会结构转型过程，其核心就是农村人口转化为城市人口的过程。与同等工业化程度国家相比，我国城镇化水平仍然有很大差距。中国农村人口向城镇转移数量之大，是世界上任何一个国家所没有的。城市化并

非能自动解决农民问题，城市化的发展要以扩大就业，特别是农民的就业为前提，要为农民进城就业创造更多的机会，使农民在城里有长期稳定生存的手段。只有这样，城镇化水平才可能扎实地提高，防止将农村贫困转变为城市贫困，避免像某些发展中国家那样出现畸形城市化。

同时，通过大力发展乡镇企业和县域经济，促进农村富余劳动力就地转移，在未来很长一个时期仍是我国农村富余劳动力转移的不可忽视的一条重要途径。中国需要向城镇转移的农村人口数量巨大，不可能都进入大中城市，相当一部分要在县及县以下城镇生活和就业。因此，在鼓励农民跨地区流动、进城就业的同时，必须大力发展乡镇企业，不断壮大县域经济，努力扩大农村富余劳动力的就地转移。近年来，随着土地供求矛盾趋紧、劳动力等要素成本升高，沿海发达地区部分劳动密集型产业开始向中西部转移。要充分认识产业转移对推动产业结构调整、形成地区间合理产业分工、促进地域经济一体化、优化国家生产力布局和调节人口流向的重大意义。要因势利导，在继续鼓励中西部农村剩余劳动力向东部沿海发达地区流动的同时，推动东部沿海发达地区产业结构升级，鼓励沿海发达地区符合环境保护要求的劳动密集型产业向中西部转移，进一步增强中西部城市吸纳农民工的能力。

二、注重发展劳动密集型产业

要充分利用我国人力资源丰富特别是农村人力资源丰富的优势，正确处理发展高新技术产业和传统产业、发展资本技术密集型产业和劳动密集型产业的关系，发挥劳动密集型产业和资本技术密集型产业中的劳动密集生产环节的竞争优势。在拓展农村剩余劳动力向非农产业转移空间的同时，要重视挖掘农业内部的就业潜力向农业的深度和广度进军。要在城市产业吸纳农民工过程中，促进正规就业的同时，注重非正规就业对进城农民工的容纳能力。

三、注重扶持中小企业，鼓励、支持、引导发展乡镇企业

从世界各国的情况看，增加就业机会主要是靠中小企业和服务业。在中国扩大就业也要走这条路子。无论什么所有制形式，只要依法经营、照章纳税、保障职工权益、符合安全标准，都要鼓励发展。乡镇企业是转移农村剩余劳动

力的重要途径。支持乡镇企业就是支持农民创业和就业。要引导乡镇企业适应新的形势，进一步创新体制和机制，增强内在活力，不断提高市场竞争能力，使之和整个中国工业化与现代化进程有机地融为一体，创造更多就业机会。

四、注重大中小城市和小城镇在吸纳农民工中协调发展

城市人口规模大，有聚集效应，就业机会多，这些优势是小城镇所不具备的。随着工业化水平提高，我国还会有不少农村人口向特大城市、大城市和中等城市转移。但是，我国的农村人口众多，不可能都集中在大中城市。一些国家人口过度涌入大城市产生的“城市病”是必须引以为戒的。要坚持大中小城市和小城镇协调发展，重视发挥小城镇在吸纳农村劳动力转移中的作用（段成荣，2005）。

第六节　推进城市等级空间重构，形成城市吸纳农民工的合理层级

从城市和区域经济的演进来看，当前我国正在进入一个良性发展的轨道。从不同城市的规模结构看，人为地预设一个合理的规模结构及最佳规模显然是不明智的。不同规模的城市是一个有机的整体，城市规模结构是一个具有等级、共生、互补、高效和严格“生态位”的开放系统，大中小城市及中心镇都应当在吸纳人口或集聚产业中得到协调发展（唐茂华，2009）。充分发挥大城市、城市组团、城市圈群在城市化空间载体和就业载体中的核心作用。同时也要考虑其他中小城市及小城镇对人口尤其是农民工群体聚集的影响。从总体上看，城市圈群的发展仍显不足，特别是经济社会发展水平和市场化程度还不够高、区域差距较大等因素使得市场仍不是推动城市圈群发展的主要动力。

一、构筑城市圈群内部一体化的区域市场

在城市圈群内部共筑区域共同市场，为商品、要素、服务、企业的自由流

动及区域内各类市场主体平等地进入市场并平等地使用生产要素提供统一的市场规则，减少区域市场运行的交易成本和联系成本，使市场和作为市场主体的企业真正成为推动城市吸纳农村剩余劳动力的主要动力。

二、建立不同等级城市之间公共事务合作机制

进一步加强不同区域、不同等级城市之间的公共事务合作，包括在区域交通体系、水资源、生态环境、能源、旅游等方面建立统一规划、资源共享、合作开发的机制，从城市公共资源最优的综合利用出发对土地、人才、旅游等公共资源进行统一规划、开发和管理，使区域公共资源在合理利用的基础上，实现对农村剩余劳动力的最大程度的容纳，并从区域人口可持续承载的角度，加强水资源、生态环境的保护和治理，形成人口集聚城市之后有效的成本分摊和利益补偿机制，为城市吸纳农村劳动力提供可持续的环境载体。

第八章 城市吸纳农民工容量的地方探索

本书在理论部分将城市吸纳农民工容量的影响因素概括为三个子系统：一是资源子系统的人口容量，二是经济子系统的人口容量，三是社会子系统的人口容量。由于不同城市所面临的自然、历史、经济、社会及环境等条件存在一定的差异，即前述的三个子系统会不相同。这样，由强弱不同的三个子系统所构成的不同组合，其实就“内生”了一个城市的人口容量，特别是在工业化和城市化过程中，不同区域的城市，自然会因这三个子系统的强弱差别而形成吸纳以农民工为主体的农村人口的总体能力差异，或者吸纳能力的不协调。有的城市，三个子系统的人口吸纳能力是匹配的、融洽的和协调的，这样的城市具有非常强的可持续发展能力；有的城市，要么只突出了一个子系统的人口吸纳能力，甚至脱离经济社会发展阶段而过度宣传强化某一子系统的人口吸纳能力，要么仅体现了两个子系统的人口吸纳能力，而其余子系统的人口吸纳能力极弱，或者与优势子系统较不相称，从长期来看，偏弱的或过度的某些子系统都会影响这一类城市的可持续发展。

城市吸纳以农村剩余劳动力为主的农村人口和农村人口如何向城市转移是城市化进程的两个视角。前一个视角的立足点在城市，偏重于城市对农村人口的拉力，其内生力量源于工业化及其衍生产业对劳动力与人口扩张的需求；而后一个视角的出发点在农村，侧重于农村对农村人口流动的推力。国际经验表明，无论是农村的推力，还是城市的拉力，各国的城市化过程都是农村人口不断融入城市的过程。然而，由于户籍制度及其关联制度的制约，我国的城市化进程一直滞后于工业化过程，以农民工为主体的农村人口不能完全融入城市，农民工及其家庭在城乡分离，“半城市化”现象的长期存在既影响了城市的又好又快发展，也制约了农村的健康发展。为此，推进户籍制度及其关联制度改革，让农民工及其家庭人口被城市完整地吸纳，为农村和城市的发展创造良好的环境，已成为社会各界的共识。

改革开放虽然推动了中国区域经济和城市经济的快速发展，但长期存在的“竞争型”政府及其城市倾向的发展政策，已使多数城市，尤其是大城市及特大城市，它们的三个子系统的人口吸纳能力出现了不协调的“累积”，这种累积的结果已逐渐成为影响城市可持续发展的短板。为推动区域城市的科学发展、和谐发展，一些城市从制约可持续发展的短板着手，开始通过不断的实践创新，探索三个子系统人口容量协调的科学发展道路。例如，成都市在城乡统筹综合配套改革试验中，以提升城市的资源子系统人口容量为抓手，通过土地制度、社会保障制度、户籍制度等的联动改革，使本地城乡居民可“全域自由迁移”，在拓展城市空间的过程中增强了城市吸纳人口容量的总能力。又如，广东省在城市吸纳人口的三个子系统中，社会子系统一直是数量庞大的以农民工为主体的外来人口难以融入当地社会的最大障碍，随着区域经济及人口发展格局的变化，能否留下并如何留住这些外来人口，在“十二五”时期已变得尤为重要。为此，广东省通过城市“积分入户”及其配套的社会保障制度改革，较大地改善了制约社会子系统吸纳农民工容量的短板，为继续分享跨区域配置人口红利创造了条件。再如，重庆市虽是直辖市，但具有大城市、大山区、大库区、大农村的典型特征，户籍人口城市化率偏低，农业规模化、市场化程度较低，经济总量偏小、区域人口空间分布不合理，又担负着三峡库区生态屏障区人口转移和武陵山区扶贫人口迁移的重任，为破解城乡二元经济难题，实施了以农民工为主体的本地农村人口转户进城为着力点的一系列改革试验，通过三个子系统人口吸纳能力的齐头并进，也从总体上提升了城市吸纳人口容量的能力。

当然，以成都市、广东省、重庆市等为代表的实践探索，虽在一定程度上提升了当地城市吸纳人口容量的能力，但是这些实践仍存在较多需要进一步突破创新或进一步改善的方面。例如，成都市和重庆市都采取了仅限于完全吸纳本行政区域内流动人口的制度创新，而对行政区域外的流动人口的吸纳则仍主要限于从经济子系统角度考虑，社会子系统的优化完善没有把他们进行统一设计；广东省三个子系统的人口容量虽对本地人和外地人都采取了开放的姿态，但社会子系统的开放非常有限，大量“准市民”的外地农民工要真正被社会子系统完全吸纳，过程还很漫长。本书将在本章中对重庆市、广东省和成都市三地提升城市吸纳农民工容量的主要实践探索进行介绍。

第一节　城市吸纳农民工容量的重庆探索：系统的制度设计

2007年6月，国务院正式批准重庆市为国家统筹城乡综合配套改革试验区，重庆市在推进城市化、工业化和城乡一体化的发展战略过程中，大量流动的农村居民和进城务工人员不断进入城市居住和生活，如何解决农村转移进城居民在生存发展过程中面临的各种问题，以及各种资源在人口激增情况下的优化配置，自然就成了重庆市统筹城乡综合配套改革首先要面临的工作，我们分别从城市的经济系统、资源系统、社会系统和农村居民转户入城的动力等方面考察重庆吸纳农民工的系统实践，以回应前面的讨论。

一、重庆市户籍制度及其关联制度改革的宏观背景

2010年7月，重庆市在全国率先实施了以“农转城”为标志的户籍制度及其配套政策改革，这项改革从一开始就引起了社会各界的关注和热议。但重庆市为何要选择以农民工为主体的农村人口“转户进城”形式的户籍制度及其关联制度改革？这有着相对特殊的历史背景、现实背景和政治背景。

首先，户籍人口城市化水平长期偏低。成为直辖市以来，重庆市的常住人口城市化水平从1997年的31%上升到2009年的51.6%。这个进程略高于全国常住人口同期的城市化水平，如表8-1所示。但是，就户籍意义上的城市化水平来看，直辖以来的12年间，重庆市户籍人口城市化率提高了不足10个百分点，户籍人口与常住人口城市化率之间的差距从1997年的11.46%，增加到2009年的22.64%，二者之间的差距已扩大了近一倍。而同期，全国户籍人口城市化率为35.52%，比重庆市高出6.56个百分点，重庆市的户籍人口城市化率偏低，与直辖市地位不相称，城市管理难度大。

表 8-1　重庆市城市化发展水平的历史比较

项目	常住人口城市化率/%		户籍人口城市化率/%	
	1997 年	2009 年	1997 年	2009 年
全国	31.39	48.34	31.91	35.52
重庆市	31.0	51.6	19.54	28.96

注：根据《中国统计年鉴》（1998 年、2010 年）和《重庆统计年鉴》（1998 年、2010 年）整理

其次，城乡差距呈现不断扩大趋势。自直辖以来，重庆市城乡居民人均收入差距系数从 2.42 扩大到 3.52，上升了 1.1（表 8-2）；而全国同期则从 2.47 扩大到 3.33，仅上升 0.86。重庆市城乡居民收入差距从略低于全国，到高于全国，这种不断快速扩大的城乡差距对社会稳定造成了压力。

表 8-2　重庆市城乡居民人均收入差距的历史比较

年份	全国城乡收入差距系数	重庆市城乡收入差距系数	城镇居民人均可支配收入/元	农村居民人均纯收入/元
1997	2.47	2.42	5 302.05	1 692.36
2000	2.79	2.63	6 176.30	1 892.44
2005	3.22	3.22	10 243.99	2 809.32
2009	3.33	3.52	17 191.10	4 478.35

从表 8-3 来看，以户籍为载体的各类福利保障在制度变迁过程中呈现较大悬殊。城市居民享有的主要福利保障优势高达 21 项之多，而农村居民获得的主要福利保障优势仅 7 项，而且福利保障优势在数量上的差距还远远小于质量上的差别。

表 8-3　城乡居民享有福利保障优势的横向比较

市民相对于农民的主要福利优势（21 项）					
社会保障	就业制度	教育制度	民事赔偿	政治权利	公共服务
养老保险	下岗人员小额担保贷款	优先义务教育	交通事故赔偿	选举权	行政编制与经费
医疗保险	低保人员再就业补助	教育投资规模	工伤赔偿		公共服务设施
最低生活保障	零就业家庭补贴	办学条件	人身伤害赔偿		
失业保险	下岗再就业保险补贴				
生育保险	退伍就业安置				
住房保障	更多更优就业机会				
农民相对于市民的主要福利优势（6 项）					
农村宅基地	土地承包经营权（含耕地和林地）	计划生育政策	义务教育“两免一补”	家电下乡农业生产性补贴	农村集体资产收益权

注：黄志亮（2008）

再次，中央对城乡统筹寄予厚望。重庆市是一个大城市、大农村、大山区

和大库区并存的直辖市，自 2007 年 6 月获批为全国统筹城乡综合配套改革试验区以后，城乡统筹更成为一个重中之重的急需破解的现实难题，中央对重庆市城乡统筹改革试验寄予厚望，给予的一系列特殊优惠政策实际也给予了重庆市难得的历史机遇。

基于上述宏观背景，重庆市选择了以农民工及其家庭成员“转户进城”为统筹城乡综合配套改革的突破口，通过改革限制人口迁移的户籍制度，实现落户城镇门槛最小化，解决户籍人口城市化低的问题，并配套推进城乡保障体制和农村土地制度等关联制度改革，解决城乡区域差距等问题。

截至 2011 年 12 月 31 日，重庆市户籍制度改革政策出台后，累计“农转城”人数约 322 万人，平均每天转户 6300 余人。其中，在重庆市主城区转户 163.4 万人，占 50.8%，重庆市东北地区转户 103.5 万人，占 32.1%，重庆市东南地区转户 55.0 万人，占 17.1%；转户人员在主城区居住的有 88.5 万人，占 27.5%，在区县城居住的有 86.3 万人，占 26.8%，在乡镇居住的有 147.1 万人，占 45.7%，这与不同等级城市人口吸纳能力的需求基本一致。

二、重庆市提升城市完整吸纳农民工的“农转城”户籍制度

我国户籍变动主要有三种类型：不同城市城镇户籍之间的人口迁徙、城市化进程中因征地动迁“农转非”和农民工市民化迁徙。前两种类型属于自然的人口流动，国家和各地区均已有政策规定和成熟路径，第三种类型虽早已成为国家城市化战略的重点，部分省市也进行过一些探索，但制度上仍属空白，且各地多年的实践都没有取得实质性的进展，其原因在于多数省市政府不愿承担吸纳农民工乡城户籍迁徙的各类社会成本。

截至 2011 年年底，重庆市“农转城”户籍制度改革共发布 37 个政策文件，形成了一套较为完善、系统的户籍制度改革政策体系。其中，与户籍制度直接相关的政策文件有 12 个，包括 6 个总体政策文件和 6 个户口迁移政策文件，占已发布政策文件数的 32.43%。改革的总体思路按“分阶段推进，分群体实施，分区域布局，结合重庆主体功能区规划、城乡规划、土地利用规划，综合考虑经济发展、自然环境、资源承载等因素，推动人口向小城镇、区县城、主城区 1000 平方公里区域内聚集”。其中“分群体实施”的思路，将应该解决户籍问题

的重点人群分为两类七种：一类是包括在主城区务工经商五年以上和在远郊区（县）务工经商三年以上的农民工、农村籍大中专学生、农村退役士兵三个群体在内的有条件农民工及新生代；另一类是包括已征地未转非人员、大中型水利水电工程建设失地未转非人员、城中村未转非人员和农村集中供养五保对象这四大群体在内的历史遗留户籍问题，这样的区分明确了应该被城市吸纳和必须被城市吸纳的重点群体。

针对纲领性政策在实施过程中不断暴露的问题，重庆市人民政府办公厅又相继出台了五个户籍制度改革补充文件（表 8-4），强调了户籍制度改革的“自愿原则”、“三个为主”和“五个不许”等问题。对转户人群及区域布局上重点突出以农民工、开发区和工业园区、主城和区县城“三个为主”，大力推进已经就业的符合条件的农民工转户；充分依托各级经济技术开发区、特色工业园区。进一步放宽在园区稳定就业的农民工入户条件；充分发挥主城九区和 31 个区（县）作为经济集聚区的作用。

表 8-4　重庆市户籍制度改革总体政策文件一览表

序号	文件名称	主要内容
1	重庆市人民政府关于统筹城乡户籍制度改革的意见（渝府发［2010］78 号）	涉及重庆户籍改革的重要意义、指导思想、基本原则、总体目标、转户群体、准入条件、相关配套机制等，属于户籍改革的纲领性文件
2	重庆市人民政府办公厅《关于推进重庆市户籍制度改革有关问题的通知》（渝办发［2010］69 号）	改革中遇到的政策层面、操作层面、工作层面相关问题的处理
3	关于推进重庆市户籍制度改革有关问题的补充通知（渝办发［2010］374 号）	改革中遇到的政策层面、操作层面、工作层面相关问题的具体落实
4	关于进一步规范推进重庆市户籍制度改革的通知（渝办发［2010］386 号）	对自愿原则、工作推进方法、转户条件、转户程序、政策落实等问题作了规定
5	关于进一步明确户籍制度改革有关规定的通知（渝办发［2011］91 号）	放宽了三类人群的转户条件，对转户居民的惠农补贴、子女义务教育、住房公积金转接等作了规定
6	关于进一步做好户籍制度改革中转户居民合法权益维护工作的通知（渝办发［2011］180 号）	对转户居民劳动就业和社会保障权益、合法农村权益等作了规定

重庆市户口迁移政策的特点是相对较低的转户门槛条件：一是在重庆市主城区购买商品房；或者务工经商五年以上（本市籍返乡农民工回重庆工作，其实际按内外务工经商年限叠加计算），具有合法稳定住所；或者投资兴办实业，

三年累计纳税10万元或一年纳税5万元以上，具有合法稳定住所的，可自愿申请登记为城镇居民。二是在重庆远郊区（县）购买商品房，或者务工经商三年以上（本市籍返乡农民工回重庆工作，其实际按内外务工经商年限叠加计算），具有合法稳定住所；或者投资兴办实业，3年累计纳税5万元或一年纳税2万元以上，具有合法稳定住所的，可自愿申请登记为城镇居民。三是对本市籍农村居民，都可本着自愿原则就近就地登记为城镇居民。四是进一步放松了本市籍农村居民投靠为城镇居民的条件。这种相对宽松的户口迁移条件为城市人口吸纳与农民工及其家庭成员融入城市创造了条件（表8-5）。

表8-5　重庆市户口迁移政策文件一览表

序号	文件名称	主要内容
1	重庆市人民政府办公厅关于印发重庆市统筹城乡户籍制度改革农村居民转户实施办法（试行）的通知（渝办发［2010］204号）	对转户条件、证明材料、办理程序等作了规定
2	关于设立农转城集体户口的紧急通知（渝公发［2010］633号）	对设立范围、办理程序、日常管理、工作要求等作了规定
3	关于做好本市农村籍高等学校和中等职业学校学生转户办理工作的通知（渝公发［2010］442号）	对转户对象及原则、手续和途径、工作要求等作了规定
4	关于规范农村居民分户有关问题的通知（工作通知［2011］249号）	对分户条件、所需材料、审批程序、工作要求等作了规定
5	关于放宽本市籍返乡农民工转户条件的通知（工作通知［2011］273号）	对转户条件、办理手续、审批权限等作了规定
6	关于放宽相关重点企业农民工转户条件的通知（工作通知［2011］877号）	对企业范围、转户条件、办理手续、审批权限、工作要求等作了规定

三、重庆市吸引农民工完整融入城市的土地处置与利用政策

制约农村居民转户进城并彻底融入城市的核心问题之一是农村土地权益。农业社会中，土地权益是农民的根本权益，是社会稳定的基石，中央政府对之处置的态度是慎之又慎的，虽然已有较长时期，数以亿计的农村居民向城市流动，但国家在这个领域的法规并无大动。重庆在改革户籍制度时，配套改革农村土地制度的做法是值得关注和尝试的。

在重庆市户籍制度改革的配套政策中，与土地处置利用有关的政策文件有17个（表8-6），占已出台37个户籍改革政策文件的45.95%。其中出台了土地处置利用的纲领性政策文件《重庆市人民政府办公厅关于印发重庆市户籍

制度改革农村土地退出与利用办法（试行）的通知》（渝办发［2010］203号），并针对农村土地特别是转户居民宅基地和承包地处置、利用及管理中的具体问题，重庆市相关政府部门相继出台了16个土地处置利用政策文件，从可操作性上解决了农村居民转户后宅基地、附属设施用地及建（构）筑物是否退出、如何退出、退出程序及手续、退出收益及补偿、退出工作的管理主体等实际问题。

表8-6 重庆市户籍制度改革配套土地处置利用政策文件一览表

序号	文件名称	主要内容
1	重庆市人民政府办公厅关于印发重庆市户籍制度改革农村土地退出与利用办法（试行）的通知（渝办发［2010］203号）	从总则、退出与补偿、整治、利用、监管、附则六个方面对转户群体农村土地退出与利用问题作了统领性规定
2	关于规范地票价款使用促进农村集体建设用地复垦的指导意见（试行）（渝国土房管［2010］384号）	对地票价款的使用方向、拨付程序、使用和拨付监管措施等作了规定
3	关于完善地票价款分配的补充意见（渝国土房管发［2010］220号）	对农村集体建设用地复垦成本使用、高于农村集体建设用地复垦成本部分地价款使用等作了规定
4	关于进一步推进户籍制度改革工作有关事宜的通知（渝国土房管发［2010］331号）	对统一思想认识、明确任务分工、宣传引导、筹措资金、过程监控、考核统计旬报制度及群众监督等作了规定，并规范了退出流程、示范文本
5	重庆市农村土地整治借款项目资金管理办法（试行）（渝国土房管发［2010］236号）	对借款项目资金的借款主体、还款来源、借款用途、资金拨付、审批、使用监管等作了规定
6	关于印发农村建设用地复垦借款项目工作流程和范本格式（试行）的通知（渝国土房管发［2010］235号）	对借款项目工作流程、贷款流程、拨款流程、项目合作申请书范本、合作协议等作了指导性规定
7	关于各类建设已用地应失地农民应转未转人员农转非指标审核户口办理等有关问题的通知（渝国土房管发［2010］166号）	对申报范围、申报及资格确认程序、农转非指标审批及备案、工作职责、办理工作要求等作了规定
8	重庆市国土房管局关于加快各类建设已用地应转未转人员转户手续办理的紧急通知（渝国土房管发［2010］380号）	指出了工作中存在的主要问题、下一步工作要求及措施等
9	重庆市国土房管局、重庆市财政局关于印发《重庆市户籍制度改革市级农村土地补偿周转金申请和拨付管理实施细则（试行）》的通知（渝国土房管［2011］53号）	对适用范围、基本原则、职能职责、申请流程、拨付流程、资金归还、监督管理等作了明确规定
10	重庆市国土房管局关于印发《重庆市户籍制度改革转户居民农村宅基地处置与利用管理实施暂行办法》的通知（渝国土房管［2011］61号）	对适用对象、管理机构、资金来源、宅基地处置、复垦与利用、监管等作了规定

续表

序号	文件名称	主要内容
11	重庆市农村土地整治中心关于启动户籍制度改革市级农村土地补偿周转金的通知（渝土整中心发［2011］8号）	对农村土地补偿周转金专户设置要求、周转金的申请、使用和管理等作了规定
12	关于印发《重庆市户籍制度改革市级农村土地补偿周转资金管理暂行办法》的通知（渝财建［2010］929号）	对市级农村土地补偿周转金用途、来源构成、使用与归还等作了规定
13	关于重庆市户籍制度改革市级农村土地补偿周转金有关事宜的补充通知（渝财建［2011］159号）	对市级农村土地补偿周转金在宅基地、承包地和林地退出补偿上作了明确区分规定
14	重庆市国土房管局关于进一步推进户籍制度改革农村宅基地及其附属设施用地处置工作有关事宜的通知（渝国土房管发［2011］166号）、关于户籍制度改革宅基地及附属设施用地处理有关事宜的补充通知（渝办发［2011］353号）	进一步明确了转户居民宅基地及附属设施用地处置政策、参加保险的相关政策、转户后宅基地及附属设施用地的管理等
15	关于正确处理户籍制度改革农村承包土地退出与利用有关问题的通知（渝农发［2010］305号）	对适用对象和范围、退出应遵循的原则、补偿标准、面积核定、退出程序、退出承包地的管理和利用等作了规定
16	关于印发重庆市户籍制度改革农村承包土地退出补偿审批表（示范文本）的通知（渝农发［2011］9号）	对承包地退出补偿审批进行了指导性规定
17	重庆市农业委员会关于做好户籍制度改革转户农村居民农村承包土地处置与利用管理工作的意见（渝农发［2011］139号）	对承包地处置利用的基本原则、相关政策、如何处置、利用管理、指导服务等作了规定

在《重庆农村土地交易所管理暂行办法》、《重庆市户籍制度改革农村土地退出与利用办法（试行）》、《关于规范地票价款使用促进农村集体建设用地复垦的指导意见（试行）》、《重庆市户籍制度改革转户居民农村宅基地处置与利用管理实施暂行办法》等政策文件的规定中，地票制度、转户居民农村宅基地和其他农村建设用地的处置与利用办法等，为农民尤其是转户农民农村集体建设用地的处置、利用，特别是权益资产增值提供了保障。上述制度设计有创新意义的是经中央批准试行的“地票”制度，对农民自愿整栋退出宅基地，能复垦即可产生“地票”，地票在特定市场通过招拍挂流通，复垦地票的平均价款扣除复垦项目工程成本和融资成本后，在退出宅基地的农户和所在农村集体经济组织之间按85％和15％的比例分配。这样，退出宅基地复垦所产生的地票价款将对转户农户参照同时期所在区县标准给予房屋和地上构（附）着物补偿费、土地使用权补偿费、农户购房补助。其中，农户购房补助＝农民新村房屋价格×同

时期征地人均住房安置建筑面积的一定比例＋复垦宅基地及其附属设施用地产生地票增值收益。重庆市的“地票”交易均价为每亩[①] 8.04 万～16.96 万元。“地票”交易为有条件的农村居民整户彻底转户进城创造了条件。

农村承包地是农民在农村“乐业”的主要平台。随着农村劳动力大量流向非农产业，如何让长期非农就业的农民工和乐于农业的农民均能专注于本职工作，农业生产用地能充分发挥效益，农村承包地处置与利用机制的设计尤为重要。结合“农转城”政策和农村承包地利用的实际，在《重庆市户籍制度改革农村土地退出与利用办法（试行）》、《关于正确处理户籍制度改革农村承包土地退出与利用有关问题的通知》、《关于做好户籍制度改革转户农村居民农村承包土地处置与利用管理工作的意见》、《关于开展农村土地承包经营权、居民房屋和林权抵押贷款及农户小额信用贷款工作的实施意见（试行）》等文件中，提供了保留或退出农村承包土地两种方式供农民转户决策选择，其前提是依法依规、尊重自愿和有效利用。但不管选择那种方式，转户农民的农村承包土地权益都是有保障的。对保留农村承包土地的，转户农民可通过自己耕种、经营，或者自愿流转，或者入股、托管、质押、抵押等形式实现土地承包权益，同时继续享受农村集体经济组织的集体资产收益分配权，并保留其在以后整户退地时获得相应退地补偿或土地征收时按规定获得土地征收补偿的权利。对退出农村承包土地整体转户的农民，可在土地征收补偿政策或农转城退地补偿政策中根据适用条件选择补偿方式，并在本轮土地承包期剩余年限内，保留转户时农村集体经济组织存量资产收益分配权。重庆“农转城”政策中的农村承包土地处置与利用办法，为农业规模经营和产业化创造了条件，而土地承包经营权入股、托管、质押和抵押贷款，以及正在探索的“土地银行”等，则能较大程度地消除具备条件的农民工及其家庭被城市吸纳时“土地情结”的约束。

四、重庆吸引农民工完整融入城市的福利保障政策

附载在我国城市居民户口上的社会福利待遇并不是新中国成立之时就有的。

---

① 1 亩≈666.7 平方米

这些待遇是伴随着国家高度集中的计划经济体制所选择的重工业优先发展战略，及其为保障此战略的实施而通过制定和调整人口迁移政策来逐渐强化的。尽管在体制转型过程中城市居民享有的福利待遇或部分削弱或与户口部分脱钩，但在城乡居民户口身份上承载的福利待遇差别一直存在，一定程度上还呈扩大趋势。这也为城市大规模地吸纳农村人口带来了事实上的阻力。能否在降低城市户籍门槛时，让转户进城的农村人口与原居民一样享有均等的福利待遇，这是地方政府在推进户籍制度改革时不能回避且必须解决的现实问题。重庆市在户籍制度改革中配套出台的一些社会保障政策，给予所有自愿转户进城的居民均等地享有福利保障的权利和机会。

目前，在重庆市户籍制度改革配套政策中，与福利保障有关的政策有 7 个（表 8-7），占已出台 37 个户改政策文件的 18.92%。其中包括 1 个统领性的福利保障政策《重庆市人民政府办公厅关于印发重庆市统筹城乡户籍制度改革社

表 8-7　重庆市户籍制度改革配套社会保障政策文件一览表

序号	文件名称	主要内容
1	重庆市人民政府办公厅关于印发重庆市统筹城乡户籍制度改革社会保障实施办法（试行）的通知（渝办发［2010］202 号）	对转户人员的养老保险、医疗保险、失业、工伤、生育保险及最低生活保障作了指导性规定
2	重庆市人力资源和社会保障局、财政局、公安局、国土资源和房屋管理局、水利局、地方税务局关于重庆市农村居民转为城镇居民参加基本养老保险有关问题的处理意见（渝人社发［2010］182 号）	对各类建设已用地失地农民、转户人员分类型规定了参加基本养老保险的范围对象、交费标准、政府补贴、待遇支付、办理程序等问题进行了具体规定
3	关于进一步加强户籍制度改革转户居民合法权益维护工作的通知》（渝人社发［2011］30 号）	对转户居民合法权益维护提出了具体要求
4	重庆市民政局关于户籍制度改革有关问题的通知（渝民发［2011］28 号）	对农转城人员参军、参加基层民主选举等问题作了规定
5	重庆市民政局关于印发《重庆市集中供养农村五保对象和新增农村籍退役士兵转户及享受城市待遇实施办法（试行）》的通知（渝民发［2011］29 号）	对农村集中供养五保户和新增农村籍退役士兵转户及城市待遇问题作了具体规定
6	重庆市民政局、财政局关于做好农转城困难居民最低生活保障工作的通知（渝民发［2011］99 号）	对农转城困难居民纳入城市低保的范围、申请审批、城乡衔接、低保金发放及最低生活保障等作了规定
7	关于印发重庆市大中型水利水电工程失地农村移民转为城镇居民与参加基本养老保险实施办法的通知（渝水移［2010］12 号）	对大中型水利水电失地农村移民农转非的范围、处理原则、条件和程序、参加基本养老保险的条件和程序、组织保障、工作职责等作了规定

会保障实施办法（试行）的通知》（渝办发［2010］202 号），另有五个解决转户居民具体福利保障问题的政策文件。这些政策让长期在城市居住、生活和工作的农民工有了相对容易的机会通过转户获得与原居民均等的福利保障待遇，也进一步增强了城市对农民工及其家庭成员持续的吸引力。

重庆通过《关于印发重庆市统筹城乡户籍制度改革社会保障实施办法（试行）的通知》《关于重庆市农村居民转为城镇居民参加基本养老保险有关问题的处理意见》《关于进一步加强户籍制度改革转户居民合法权益维护工作的通知》等政策文件的实施，退（或不退）土地的转户群体，均可选择性地参加城镇企业职工基本养老保险或城乡居民社会养老保险、城镇职工医疗保险或城乡居民合作医疗保险。在按规定办理养老或医疗保险参保和缴费相关手续后，即享有相应的养老、医疗保障。这既为农民工及其家庭开辟了通道，也消除了过去已征（占）地未转非人员和大中型水利水电工程淹没失地农民的顾虑。据统计，截至 2011 年，在 257.70 万名转户居民中有 171 万人参加各类养老保险，占应参保人数的 89%，其中有 21.3 万名各类建设用地失地农民申请参加被征地农转非人员养老保险，有 10.1 万名老年人已开始以“每月至少 500 元的标准”按月领取养老待遇；参加各类医疗保险合计 205.6 万人，占 94.5%。其中有 2031 名转户居民以个人身份参加了城镇职工医疗保险，17 046 名转户人员由农民工大病医疗保险转为参加城镇职工医疗保险①。

为了保障转户居民在住房方面的权益和待遇，促进城乡资源优化配置，重庆市采取了逐步健全市场供给与政府保障并举的“双轨制”住房供应体系，制订了“低端有保障、中端靠市场、高端有约束”的住房调控思路。大力推进公共租赁住房建设（公租房）是重庆市推出的住房制度改革的一项重要配套政策，进城的农民工，只要具备条件，就可以申请公租房。公租房是住房保障、社会就业和投资建设的一大稳定器，可以使中低收入者置业更加理性，同时对未来健康的商品房市场格局形成有力推动。重庆市公租房建设也因此具有“规模建

① 数据引自重庆发展和改革委员会《关于户籍制度改革情况》内部材料，2011 年 9 月

设、对象明确、配套完善、租金优惠”四大特点[①]：一是从2010年开始的三年内，重庆市计划将建设公租房4000万平方米，加上历年提供的廉租房、城中村、棚户改造安置房等其他保障性住房，实现30%左右的中低收入城市居民住房由政府保障的新格局。二是凡在重庆有稳定工作的无住房或家庭住房面积低于人均13平方米以下的本市原居民，大中专及职校学生毕业后就业、进城务工及外地来重庆市工作人员、参加工作三年内的公务员等无住房人员，均可申请租住。三是按照“均衡布局、公交便捷、配套完善、适于就业”原则，布局在一环、二环线之间的21个大型聚居区内轻轨沿线或交通条件较好的地区，小区配套建有学校、社区医院、商场、警务室和健身设施等，容积率控制在3.5左右，绿化率在35%左右，环境宜居。房屋建筑面积控制在30～80平方米，60平方米以下的占总量的85%，分为单间配套、一室一厅、两室一厅和三室一厅，厨房、厕所齐全，内部简单装修，承租人添置家具后即可入住。四是公租房建设无土地出让金、无相关税费，租金不超过同类型、同品质商品房租金的60%，每平方米为9～11元。

另外，优质教育资源供给不足和布局不合理是阻碍农民工及其他外来人口子女受教育难的重要因素。一些地方的激进式“户改”道路曾因教育资源等软公共品供需矛盾突出而停止。利用好教育资源存量，优化增量资源布局，对引导转户居民举家迁移有重要作用。为此，重庆市对转户居民子女实行“划片招生、就近入学”的原则免试安排入学，不再缴纳借读费、赞助费，这实际上为农民工子女与城市居民子女平等就学开辟了通道。

五、重庆市增强城市吸纳农民工就业容量的产业导向

在经济发展过程中，劳动力就业结构与吸纳能力的变化和产业结构的演进具有极强的“相关性”。由于不同产业的规模、结构与效益不同，其吸纳劳动力的（包括农民工）能力也就不同，所以，产业结构的优化与升级必然导致各产业对劳动力特别是农民工群体吸纳能力的变动。

重庆市是我国长江上游地区最大的经济中心城市，自成为直辖市以来，重

① 重庆市公共租赁房管理局，2011年12月

庆市的产业发展特别是主导产业和新兴产业的发展成为重庆市经济高速增长的引擎，产业的发展既带动了产业结构的优化与升级，又增强了社会对劳动力队伍特别是新时期农民工劳动群体的吸纳能力。尤其是在重庆统筹城乡发展和户籍改革的大背景下，越来越多的农民工群体正涌入城市就业与生活，重庆在通过产业发展带动就业、提升城市吸纳农民工能力方面做出了自己的贡献。

1. 重庆城乡就业情况

随着重庆三次产业的良性发展，“十一五”期间，重庆涉及农民工的就业工作呈现以下特点。

一是就业规模稳步扩大。“十一五”期间，全市城镇新增就业人员达到138万人；城乡就（从）业人员达到1678万人。第一产业的就业人数由2005年的794.81万人下降到2009年的733.68万人；工业的就业人数由2005年的187.43万人增加到2009年的223.59万人；其中建筑业的就业人数也从2005年的117.44万人增加到2009年的132.1万人；第三产业就业人数由2005年的511.85万人增加到2009年的579.46万人，就业人数以年均3%的增长速度逐年递增。

二是就业结构逐步优化。“十一五”期间，三次产业从业人员占比由2005年的49∶19∶32调整为2010年的43∶22∶35。其中，流动人口从事制造业的占41.9%，从事批发零售业的人员占13.1%，从事住宿餐饮业的人员占11.7%，从事建筑业的人员占11.3%，从事社会服务业的人员占8.4%。

三是农业富余劳动力转移比重位居全国前列。截至2010年年底，重庆全市累计转移农业富余劳动力850万人，农民工数量大幅上升，劳务收入逐年提高。2010年，农民工劳务收入为548.6亿元，比2005年提高132%，年均增长18.1%。

四是积极的就业政策体系基本确立。“十一五”期间，重庆全市累计筹集就业补助资金68亿元；落实社会保险补贴、岗位补贴、职业培训补贴等25亿元；发放小额担保贷款52.8亿元，位居全国重点城市首位。

五是覆盖城乡的公共就业服务体系逐步完善。全市100%的街道、乡镇和

94.7%的社区、40.1%的村建立了劳动就业和社会保障服务平台，覆盖率位居全国前列；73%的社区和30%的行政村达到“充分就业”标准。

六是面向全体城乡劳动者的职业教育培训制度成效显著。重庆市通过就业帮扶、技能培训、托底安置、创业扶持等就业机制，保障转户居民进城不失业。2010年来，全市面向转户居民的就业、创业培训10 152人次，就业服务部门推荐转户居民就业18 849人次，转户人员登记失业9212人，已向99人发放小额担保贷款676万元，发放自谋职业一次性经济补助约5596万元[①]。“十一五”期间，全市累计资助125万人次“五类学生”免学费就读中等职业学校，培训下岗失业人员65万人、农村劳动力167万人，开展创业培训4.45万人。

2. 重庆解决城乡劳动力就业的产业导向

目前，重庆在第一产业的就业吸纳能力已接近饱和的情况下，通过进一步优化产业结构、合理空间布局等手段，大力发展第二、第三产业，增加就业吸纳能力。

1）发展旅游业和高、中、低端均衡协调的服务业

建设国内外知名的旅游目的地城市和西部地区消费中心。旅游业的大力发展和消费中心的建设进一步拉动了住宿、餐饮业、批发和零售业的发展，它们都是吸纳劳动力就业的重要渠道。这些行业的就业门槛低，大部分能解决吃住，收入相对稳定，仅需要简单培训甚至有些不培训直接上岗，对行业从业人员的文化素质和技能水平要求相对较低，对农民工的吸纳能力非常强，也为新生代农民工进城立足提供了基本生存条件。重庆市批发与零售业的就业人数由1997年的102.23万人增加至2009年的146.73万人，平均每年增加就业人数3.42万人。住宿和餐饮业2009年的生产增加值达132.88亿元，比1999年增长了5倍，其就业人数在11年间增长了19.65万人。

2）积极培育微型企业，提升农民工本地就业率

微型企业具有创办周期短，适应市场需求变化的能力强，可以弥补企业和社会服务缺位，经营业务小而专、小而特，贴近顾客的需求等优势，是通过创

① 数据来自重庆市发展和改革委员会《关于户籍制度改革情况》内部材料，2011年9月

业拉动就业的有效途径。

重庆市政府成立了微型企业发展工作领导小组，强化对微型企业的组织领导和工作机制完善；强化宣传动员，营造全民创业的良好氛围；强化政策扶持，提高微型企业的成长率；注意对微型企业的监管，促进微型企业健康发展。优惠政策主要体现在发挥资本金补助、贷款融通、税收优惠、规费减免等，同时探索了中小微型企业公共服务平台，开展创业就业培训，推进与龙头企业的合作，建设孵化基地和工业楼宇。2011 年重庆市新发展微型企业 39 929 户，解决就业人员 30.94 万人，累计发展微型企业 50 367 户，解决就业 40.3 万人，重庆主城区、中心地区的微型企业的培育和发展，也促进农民工本地就业，微型企业已逐步成为重庆带动就业的“增长点”。重庆市微型企业发展工作领导小组办公室制订了微型企业发展五年规划，预计到 2015 年，全市微型企业平均每年新增 3 万户，总量从 2010 年年底的 1.04 万户增长到 15 万户，力争突破 16 万户，解决就业 150 万人以上。

3）打造“蓝领”专业培训基地，解决农民工就业结构性矛盾

在前述对农村剩余劳动力专项培训工程基础上，2012 年，重庆市正全面打造一个占地 16 平方公里的江南教育城，使之成为能够吸纳超过 20 万名专职技工进行培训的“蓝领”基地，在这里重点培养各类制造业和服务业所需技工为主，包括机械、IT 制造、金融服务等多个行业，基地采用产业与技工职业教育培训相融合的模式，为各行各业发展输送源源不断的蓝领大军，这也必将从根本上解决重庆市用工难的问题，提高农民工就业率。

六、进一步增强重庆市吸纳农民工能力的几点建议

重庆市在推进城市化方面，采取了一系列措施，作为一项系统工程来推进，从公租房计划、户籍制度改革、土地制度改革、建立创新型加工贸易模式，以及筹建西部金融中心等，是一整套相互配套的措施体系。但在整个制度设计当中，也明显存在一些缺失，还需要对一些问题进行进一步的研究和完善。

（1）认真研究转户进城原农村居民与农民工的现实需求，采取更加积极、更加有效的办法帮助他们解决就业、社会保障、住房及社会公共服务问题。农转城新居民与原居民之间只有均等地享有以户口为载体的各类福利待遇，成

为名副其实的城市居民，不再有后顾之忧，农村剩余劳动力及其家庭成员才有可能实现完全意义上的转户融城。如果因财力限制一时不能完全做到，则应放缓农转城的进度。

(2) 积极鼓励转户进城的农村居民整户迁移。传统户籍制度对我国人口城市化的负面影响为大家所共识，改革户籍制度的主要目的是让那些已经或能够在城市就业和生活的农村剩余劳动力及其家庭成员有机会融入城市，解决两栖式流迁生活给个人和社会带来的巨大浪费。但达到此目的的前提条件是转户进城的农村人口既选择整户迁移，同时又完整地退出农村宅基地使用权和土地承包经营权的经营管理。为此，在尊重农民自愿转户的前提下，为整户迁移和退出农村土地使用权的转户农民提供更多、更好和更宽松的选择机会，避免“户改”政策再一次造成转户进城不充分、不彻底，农业仍无法迈进现代化的大门。

(3) 进一步完善转户居民的农地权益与城市福利保障相衔接的政策。允许转户居民将农村宅基地和承包地等生产生活资料的财产性收益与经营性收益相分离，对转户后完整地享有市民待遇的，也可以继续享有在农村的财产性收益，甚至经营性收益，但应该与城市福利保障水平结合起来统筹考虑，根据农村土地承包经营权及其收益享有程度，可匹配性地享有福利保障待遇，以体现农地权益与福利保障之间“权利与贡献对等”的原则。一方面，应进一步完善地票制度。由于地票制度设计的复垦、验收、交易、落地四个交易环节中，都分别存在制度性风险：复垦环节面临着前置条件较高、土地复垦手续繁杂、为村干部寻租提供制度空间、农民实惠有限等四个方面的风险重叠；验收环节角色模糊，“裁判员”和“运动员”界限不清等风险；交易环节为利益合谋提供了制度空间；落地环节一步一坎，为地票的产出和地票交易做了很多工作的各级基层政府并无收益，地票交易获得的建设用地指标的支配权也主要归于市政府，基层政府缺乏积极性，因而政策风险最为密集。鉴于此，必须进一步完善“地票”交易制度的设计，最大限度地发挥综合成效，降低政策性风险。同时还要明确“地票”交易的流转模式关键是农村土地流转指标的形成，因此，应进一步加强土地流转的法律规范，并不断健全土地交易市场“地票”形成机制、出让机制和监管机制，确保农民在地票增值的利益分配和保障农民财产性收入，统筹兼顾各方利益，从而保障转户进城农民的平稳过渡和利益保护，统筹城乡的协调发展。另一方面，应进一步完善社会保障与就业制度。按照《重庆市统筹城乡户籍制度改革社会保障实施办法（渝办发［2010］202号）》的规定，重庆市农村居民转为城镇居民，仍保留宅基地且年满16周岁以上的人员（以下简称保留土地农转非人员）在城镇用人单位工作的，由用人单位为其参加城镇企业职工基本养老保险、城镇职工医疗保险、失业保险及工伤保险；无用人单位的，可自愿从转为本市城镇居民之月起，在户籍所在地以个人身份参加各种保险。

表 8-8　2010 年重庆五险缴费比例

	城镇户口				农村户口			
	单位缴纳比例及金额		个人缴纳比例及金额		单位缴纳比例及金额		个人缴纳比例及金额	
	比例	金额/元	比例	金额/元	比例	金额/元	比例	金额/元
基本养老保险	15%	232.35	8%	123.92	12%	185.88	8%	123.92
基本医疗保险	6%+1%（大病）	108.43	2%+2元（大病）	32.98	1.40%	21.69	5元（大病）	5
失业保险	1%	15.49	1%	15.49	2%	30.98		
工伤保险	0.5%～3.3%	7.75～51.12			0.5%～3.3%	7.75～51.12		
生育保险	0.50%	7.75			0.50%	7.75		
小计	24.2%～26.2%	371.8～415.1	11%+2元	172.4	19.2%～21.2%	254.1～297.4	8%+5元	128.9

注：缴费基数为1549.00元/月

（4）进一步完善公租房制度。公租房“姓公”，但正因为“姓公”带来了地方政府财政的负担。按照重庆的计算方法：4000万平方米公租房共需1000亿元人民币，其中，300亿元依靠中央政府与地方政府，另外700亿元依靠贷款，700亿元贷款本金则依靠公租房中的商业设施销售所得300亿元及未来5～6年销售1000万平方米的公租房不完全产权400亿元来偿还，贷款所产生的每年40亿元利息需要靠4000万平方米公租房全部出租出去的租金收入来偿还。但这个方案有一个假设前提：认为租金价格9～11元/平方米为市场价格的60%，4000万平方米公租房应该可以以此价格全部出租出去，从而可以偿还贷款利息。2011年3月2日，重庆对公租房进行第一次摇号配租，审核合格的申请人为22 317人，分配房源15 281套，中签率高达68.47%。但在第二次摇号配租前，放宽了公租房申请条件，背后的原因为首期公租房配租低于预期，即使这样，处于交通较不发达地区的公租房出租率也不高。导致这个现象的主要原因，一是对于一部分低收入家庭来说9～11元/平方米租金，以及出行成本等仍是一笔不小的开支；二是低收入劳动者尤其重视出行便宜和出行时间节约，偏远的位置不符合他们的选择。因此，对照顾农民工、大中专毕业生和城镇住房困难户等“夹心层”人群的公租房，尚需政府进一步加大财政投入，降低公租房的租金水平和优化选址区位。一是对面向农民工的公租房可有特殊考虑，在中心城市和吸纳农民工企业集中的工业园区，应有政策要求或鼓励雇佣农村转移劳动力的企业（如在该企业连续工作一定年份以上）出资或自建专为这个特殊群体建设的公（廉）租房，这种房屋只租不售，租金可明显低于现有公租房租金。为特别保障已转城但未退出农村宅基地和承包地的农民工的权益，在中小城镇，则应由城镇政府分享一部分国土整治或统筹城乡改革经费，在市财政补贴下建设。二是对实际退出农村宅基地和承包地的转户居民，则应有实际产权的城镇住房对他们作补偿性安置，让他们对自己的住房有长期性的租金支出是不妥当也是不现实的。这种安置要进行不同城镇的成本测算，并与地票收益和农村土地流转收益挂钩，政府应安排预算进行补助。三是在城市近郊，应考虑农村居民现有宅基地和承包地流转过程中实际存在的“级差地租”，在改变农村居民身份的同时，只要不是国家公益用地，就应设计政策保护他们对这些生产资料和生活资料的长期物权收益，即财产性收入。

第二节　城市吸纳农民工的成都探索：城乡一体化改革

成都作为我国西部地区一个迅速崛起的特大城市，总面积12 121平方公里，中心城区面积283.86平方公里，辖9区、4市、6县，2010年年末常住人口1404.8万人，其中城镇户籍人口920.28万人，占比65.51%，该市还汇集了大量的市外进城农民工。成都的快速工业化、城镇化进程已使其成为农村劳动力向城市转移的重要都市。近年来，其农村资源组合在城市化加速背景下的重大变化也非常突出。2007年，国务院正式批准成都市为全国统筹城乡综合配套改革试验区，经过近5年的探索与实践，该市统筹推进“三个集中”（工业向集中发展区集中、土地向规模经营集中、农民向城镇集中）、“六个一体化”（城乡规划、产业发展、市场体制、基础设施、公共服务、管理体制）和“四大基础工程”（农村土地综合整治、农村产权制度改革、村级公共服务和社会管理改革、农村新型基层治理机制建设）三个方面城乡统筹改革试验，提供了通过城市扩容、推进城乡一体化带动农民工进城，提高城市吸纳农民工容量的重要实践。

一、统筹城乡土地改革

自2003年开始实施“三个集中”战略以来，成都市通过农地整理和村庄整理，为城市提供“占补平衡”土地指标，使城市化带来的土地增值收益较多地向农村倾斜。同时，实施城乡建设用地增减挂钩政策，盘活农村闲置的建设用地，优化资源空间配置，为城市发展提供用地保证。成都市进行城乡综合配套改革试验以来，率先开展农村产权制度改革，给农村土地“还权赋能”，让农民拥有的土地财富转变成现实的资本财富，为城乡一体化发展奠定了可靠基础。主要做法如下。

一是“确权颁证”。农村产权制度改革的核心是“还权赋能”，实现农村资产资本化，推动城乡要素自由流动，保护农民的财产权利。从2008年开始，成都对全市农村土地和房屋进行过实测，明晰了承包地、宅基地及集体建设用地的各自权属。实施以建立“归属清晰、权责明确、保护严格、流转顺畅”的现代农村产权制度为目标的制度改革。对农村土地和房屋进行确权、登记和颁证。经过这些努力，农民拿到了土地承包经营权证、宅基地使用权证、房屋所有权证和林权证，既有了维护自身权益的手段，也有了获取财产性收益的途径。截止到2011年年底，涉及成都257个乡镇、2745个村、212万户农户的农村产权制度改革确权办证工作已基本完成。

二是创新耕地保护机制。成都市设立了耕地保护基金，按照基本农田每年400元/亩、一般耕地每年300元/亩的标准，由政府向拥有耕地的农户发放耕地保护补贴，补贴主要用于农民购买农村养老保险。政府与农民签订《耕地保护合同》，农户承担耕地保护责任，违约将被追回补偿款并承担相应处罚。耕地保护基金主要从市、县两级的新增建设用地土地有偿使用费和土地出让收入中提取，不足部分由政府财政补充。此举措在全国率先进行，已发放耕地保护基金 11.9 亿元，惠及 114 万户农户，确保了耕地总量不减少、粮食生产能力不下降。

三是搭建农村产权交易平台。成都在原联合产权交易所的基础上成立了农村产权交易所，这是全国首家农村产权综合性交易的市场平台，这个平台继而扩展至市、县、乡三级，以公开规范的方式转让农村集体建设用地使用权，推动农村产权规范有序流转。已实现农村产权流转 6.63 万余宗，金额达到 33.62 亿元。在土地整理和增减挂钩试点的基础上，成都计划用 6 年时间逐步改变农村面貌，新增耕地 30 万亩，使半数即 300 多万名农村居民通过市场方式逐步城镇化[①]。同时，把土地级差收益返还用于改善农村生产生活条件，实现增加耕地、增加城市绿地，减少城乡建设用地、减少征地规模的“两增两减”工作。成都的城乡统筹改革，实际上是在农地确权的基础上，以土地指标交易带动农村土地综合整治，加大集体土地流转，推动土地资源的市场化配置。

在现行的土地制度下，以家庭为单位的承包经营制度阻碍了农业的规模经营和效益的进一步提高，制约了土地作为资本的功能和生产资料功能的有效发挥，阻塞了农民通过有效利用土地来增加收入的渠道。而成都统筹城乡改革实践，农地流转一方面可以充分发挥市场配置资源的基础性作用，激活农村各类要素，吸引社会资本投向农业，解决农业投入问题，实现传统农业向现代农业的跨越；另一方面可以通过城乡要素的充分流动，实现农村土地、房屋资源价值的最大化，促进农民向城镇和第二、第三产业转移，有效推动工业化和城镇化进程。因此，从推进城乡一体化的战略出发，关键是赋予农民充分的土地财产权，而且应充分保障农民依其财产权获得财产性收入的权利。无论是从增加农民收入、缩小城乡差距的现实需求出发，还是从扩大内需的战略出发，加快推进农村产权制度改革，实施城乡基本公共服务均等化，都应该是城乡统筹最基础最重要的制度设计。可以说，农民对土地的财产权利的实现过程，也就是

① 尹鸿伟 .2010. 统筹城乡是改变二元结构的有效途径. http://www.sxgh.org.cn/particular.aspx?id=10396［2012-10-20］

土地要素逐步市场化的过程，城乡二元结构逐步消除、城乡统筹发展的过程，也是增加城市容量和增强农民进城可能性的过程。

二、统筹城乡就业保障

自2003年以来，成都市按照城乡统筹、“四位一体”科学发展总体战略部署，围绕解决“人往哪里去”和保障全民“老有所养，病有所医”问题，积极推进劳动就业和社会保障城乡一体化改革。通过不断创新体制机制，深化完善政策制度，全市人力资源社会保障工作取得了长足发展，有力地促进了经济社会建设和民生改善。如今，成都的城乡就业和社会保障事业正在向“城乡充分就业和全民一体化社保”加速迈进。建立和完善就业保障体系为农民工进城提供了广阔的平台，也有助于提升成都市持续吸纳农民工的能力。

自2007年以来，成都市加强完善覆盖城乡的就业促进体系，建立健全城乡就业“实名制”和城乡就业服务“网格化”管理机制，完善市、县两级人力资源中心建设，全面完成乡（镇、街道）劳动保障所、村（社区）劳动保障服务平台标准化建设，形成市、县（区）、乡（镇、街道）、村（社区）四级就业服务网络，为城乡居民提供就业服务。先后健全并完善城乡一体的就业促进“三大制度”和“六大体系”，即就业普惠、就业扶持、就业援助“三大制度”；城乡一体积极就业政策、就业目标、人力资源市场、就业培训、创业促进、就业援助“六大体系”。自2009年以来，积极创建“国家级充分就业创业型城市”和“城乡充分就业城市”。实施了就业优先战略、“五大创业工程”、“十大特别培训行动计划”；实施了公共就业服务、城乡就业实名制动态管理、城乡就业援助、城乡就业督导督察和职业培训等就业促进机制；实施了就业优先战略、“系列特别培训就业行动计划”、“就业培训普惠制”，形成了“大就业”“大创业”格局；健全了失业保险基金促进就业机制；建立了特殊情况紧急就业援助长效机制；统一了城乡就业、失业登记管理服务和就业援助制度。

截至2010年年末，全市社会就业规模达到752.78万人，其中城镇从业人员433.7万人；与2002年相比，全社会从业人数平均每年增加20万人，其中第一产业就业比重每年下降，第二、第三产业每年增加30余万人，实现了经济发展与扩大就业良性互动；全市农业富余劳动力加速向非农产业转移就业，第一、第二、第三产业就业比重调整为 20.28：33.23：46.49，城镇登记失业率降至 2.5%，“农民以农为主”的就业类型仅占 33.2%，农民集中居住区就业率达到 97%以上[①]。

三、统筹城乡医疗改革

消除横亘在城乡之间基本公共服务均等化的体制机制障碍，既是立足当前、惠及广大农民的民生工程，也是着眼长远、推动城乡经济社会发展融合的基础性工作。完善覆盖城乡居民的基本医疗保障制度，提高新型农村合作医疗的补助标准和水平，逐步缩小与城镇居民基本医疗保险的保障差距。

2006 年，成都开始在金牛、金堂、双流三地试点“城镇居民医疗保险”。这项险种专门针对城镇低收入人群。在全市农村逐步普及新型农村合作医疗和农民养老保险的基础上，2008 年，成都颁布实施《城乡居民基本医疗保险暂行办法》，实现全市城乡居民基本医疗保险政策统一、待遇一致；2010 年，颁布实施《成都市城乡居民养老保险试行办法》，建立城乡一体的居民养老保险制度，实现了城乡社会保障制度全面并轨。同时，成都将农村劳动者按常住地纳入城乡一体的就业服务体系，并建立起覆盖城乡困难群体的就业援助体系，实现了城乡劳动力市场的统一。至此，成都在全国率先建立起了城乡一体的基本公共服务制度。

四、统筹城乡住房改革

目前，成都已经建立了较完善的城镇住房保障体系。从城镇覆盖到农村，成都的住房保障体系历经了 10 年风雨发展。2001 年，成都在全国率先建立廉租住房租赁补贴制度；2006 年，出台了《成都市城市公共住房制度实施方案》，将政府的住房保障职能以法规的形式确定下来。截止到 2009 年年底，成都市率先把住房保障范围由国家规定的县城推广到全市 310 多个乡镇，实现了乡（场）镇住房保障全覆盖。2010 年，成都市政府正式发布《关于全域成都城乡统一户

① 刘景迪．2011-07-11．就业培训体系普惠成都城了．成都时报

籍实现居民自由迁徙的意见》，被誉为迄今为止最彻底的户籍改革文件，提出成都要建立城乡统一的住房保障体系，通过在政策上给农民“筑巢”，为农民向城镇“迁徙”安居奠定稳固的现实基础。2011年，成都市政府出台《成都市人民政府办公厅关于建立农村保障体系的实施意见（试行）》（以下简称《意见》），提出建立农村住房保障体系，将此前只有城镇居民能享受到的保障房制度延伸到农村。

经过多年的努力，成都初步建立了以廉租住房、经济适用住房、公共租赁住房为主的比较完善的城镇住房保障体系，也给城乡居民带来了实实在在的好处，更进一步增强了城市完整容纳农民工及其家庭人口的能力。一是解决100多万户城乡家庭住房困难。2000～2010年的10年时间，成都通过棚户区及危旧房改造（含城中村改造、东郊惠民工程）、修建廉租房、经济适用房、公共租赁住房、限价商品房、单位投资的经济适用房（集资建房）等保障性住房、房改、农村安身工程等，共解决101.3万户城乡家庭住房困难，修建和安置住房面积7222.1万平方米，政府和社会投入资金1500亿元。二是使人均住房面积增加了16平方米。通过10年的棚户区及危旧房改造，在让城市旧貌换新颜的同时，更是让更多的老百姓告别“蜗居”现象。据统计，在进行棚户区及危旧房改造前，成都人均居住面积12.6平方米，户均35.3平方米，住房成套率为35%；而改造后，安置住房面积1416万平方米（人均28.6平方米，户均80平方米），住房成套率100%。人均住房面积增加了16平方米，户均住房面积增加了44.7平方米，住房成套率增加了65%[①]。三是有效满足各类住房需求。除了国务院要求的主城区和县人民政府所在地，成都市的住房保障已经逐步覆盖到所有的城镇。2010年，成都市全面实现了主城区和全部郊区（市）县申请廉租房家庭“应保尽保”。从2006年到2010年11月，成都住房保障实施总量达43 045户，其中限价房为12%，经适房为17%，廉租租赁补贴住户占68%，实物配租住户占3%。在中国社会科学院主持编写的“住房绿皮书”——《中国住房发展报告（2009～2010）》中，成都住房市场监管指数为0.595，名列全国34个大中城市

① 李凌翌.2011-02-21.住房保障10年101.3万家庭“安居”圆梦.成都日报

第三位，这也从总体上反映了成都市在保障住房方面取得的成绩。而成都在建立和完善城乡居民住房保障体系上的一些做法，也为其他城市增强人口吸纳能力积累了一些经验，主要表现在以下四个方面。

（1）加快基本住房保障的立法进程。现行住房保障制度的规定大都属于政策性规定，存在随意性和不稳定性。住房保障制度应该以立法的形式确定下来，既有利于约束社会各方面的行为，也有利于约束政府行为，对转户农民（农民工）在城市的住房行为也是一种有力的法律保障。住房保障立法应当明确基本住房保障标准、范围、方式，保障性住房的规划、建设与管理，住房租赁补贴，土地、财政、税收与金融支持，基本住房保障的政府职责与组织落实，农村住房保障制度等。

（2）转户农民（农民工）住房保障的重点是做好廉租房保障建设工作。政府对保障性住房的供给与房源筹集应采用多元化方式。政府在提供保障性住房方面，可以有多种选择方式，既可以采用实物配给的间接方式，也可采用货币补贴的直接方式，对进城务工的农民工，则还应结合他们在农村有房、有财产性收益的情况特殊考虑。各地可结合当地具体实际，采用适宜的方式方法，不必千篇一律。而在保障性住房的房源筹集方面，同样应当“多元化”，可采用新建、采购、配建等方式，切不可陷入“单纯建设保障性住房”的思维定式。对廉租房制度所需资金筹措这个重要问题，成都建立了城市公共住房专项资金，由市财政预算保底。在“应保尽保”的基础上，将覆盖面扩大到低收入家庭，实现资金到位。成都的经验是主要领导要重视，成都政府成立了由市长挂帅的住房委员会，在落实和规范资金来源中发挥了主要作用。

（3）严格的审核制度是该项工作阳光透明的保证。同全国其他地区一样，对保障房群体的认定是一个难题。当下确定住房保障对象存在的最大困难是没有建立收入认定体系。成都在全国创新住房保障资格申请审核流程，由区民政部门全程参与住房保障资格认定，介入审核，通过采取书面审查、入户调查、信息查证、邻里询问等多种方式来对申请家庭收入进行认定审核。在街道对申请家庭提出初审意见并公示 15 天以后，还新增了民主评议环节，包括对申请家庭的收入、住房状况等各方面进行评议；同时，还将民政部门审核的收入情况单独进行公示，让整个流程更透明、更规范。《成都市城乡低收入家庭认定暂行办法》已于2010年10月1日起开始执行。该办法首次明确了家庭收入的计算范围，并在全国率先提出对城乡低收入家庭统筹认定和管理。该暂行办法规定，申请低保、教育、医疗救助的家庭，如果存在拥有并使用机动车辆，如小汽车、客货车和其他经营性机动车辆等情况的，将不能认定为低收入家庭。申请住房保障的家庭，拥有机动车辆且价值在8万元以上的，不认定为经济适用住房援助的家庭；拥有机动车辆的，不认定为廉租住房援助的家庭。认定标准由家庭收入和家庭财产两项指标构成。这一系列规则的出台，加上民政部门的参与，在收入认定方面是一个较大的进步。

（4）逐户摸底、按需建设。成都的住房保障的一大特色便是按需建设，通过详细的市场调研，筛选出真正的住房需求，制订符合实际、切实可行的住房保障规划。2007年，成都对全市约20万户低收入住房困难家庭进行了入户摸底，将近5万户长期住房困难家庭全部纳入实名制管理。除此之外，成都在全国率先进行住房保障对象的动态跟踪调查。2009年，成都住房保障对象动态跟踪服务入户调查工作在中心城区全面推开，重新核实待保家庭情况，同时摸清保障对象住房意愿，为保障计划和政策制定提供准确可靠的依据。2007年通过近5万户的住房困难家庭调查之后，真正需要住房的只有1万多户，这一数字就成为建设的依据，加上不同家庭对住房的需求不同，每年的建设压力并不大。这样逐户摸底，花大力气调研的做法在全国并不多见，但的确行之有效。因为把握住了住房保障的真实需求，避免了无度开工和浪费，这样的住房保障是做得扎实有效的。

五、统筹城乡养老保障改革

成都市于2007年出台了《成都市农民养老保险试行办法》，并于2008年年底全面施行，2010年又施行了《成都市城乡居民养老保险试行办法》，将农村居民以及城镇职工基本养老保险覆盖范围之外的城镇居民，全部纳入城乡居民养老保险覆盖范围。成都推进城乡养老保障全覆盖的过程是与实施城乡一体化战略的“三个集中”有关的，即工业向集中发展区集中、农民向集中居住区集中、土地向规模经营集中。由于“三个集中”无一不涉及农民的就业问题、土地问题、住房问题等长远生计问题，而城乡居民身份之间的社会保障差距成为“三个集中”能否顺利推进的关键，所以着眼点又进一步聚焦在转变农民身份上。

这样，转变农民身份，彻底解决“三个集中”受影响农民的社会保障问题，直接与建立农民养老保险、医疗保险和最低生活保障制度挂钩，成都市实施的“三保一转”政策则为“三个集中”扫清了障碍。主要做法如下。

(1) 先行建立被征地农民社会保险制度。2004 年出台了《成都市征地农转非人员社会保险办法》和《成都市已征地农转非人员社会保险办法》，建立了规范统一的失地农民社会保险制度。

(2) 基本形成了一套较为成熟的新型农村养老保险制度。2007 年 1 月，成都开始实施《成都市农民养老保险试行办法》，其核心内容：一是建立非城镇户籍从业人员综合保险制度，实行养老、医疗保险统账结合模式；二是试行被征地的农民“以土地承包经营权换社保”的试点；三是鼓励有条件的农民以“双放弃”(放弃宅基地使用权和土地承包经营权) 换社保，全家变身成市民，享受市民待遇。这样，所有农民均可自愿参加养老保险，通过农民以家庭为参保单位，自己缴一部分 (有条件的集体经济组织给予适当补助)、政府扶持一部分的办法来筹集资金，按照统账结合的制度模式确定养老待遇。其中，对达到或超过退休年龄的人员，分三个圈层 (城区、近郊、远郊)、三个年龄段 (男 60～65 岁、女 55～60 岁；男 65～70 岁、女 60～65 岁；男 70 岁、女 65 岁以上) 共九个档次，实行一次性缴费 (其中个人缴纳 60%，政府补贴 40%)，从参保下月起计发基本养老金。对劳动年龄阶段的人员 (男 18～60 周岁、女 18～55 周岁)，分三个圈层按城镇上年度职工平均工资的相应比例作为缴费基数 (城区为 50%、近郊区为 40%、远郊区为 30%)，费率 12%，其中个人承担 10% (8%记入个人账户，2%作为统筹基金)，政府补贴 2%，达到退休年龄且累计缴费年限满 15 年及以上后，按月计发基本养老金。

随着成都养老保险政策的日益成熟，农民参加养老保险的人数持续增长。成都市社会保险事业管理局提供的数据表明，2011 年成都农村超过从业年龄的人员中，参加养老保险的人数从 2008 年的 5.99 万人增加到 2009 年的 19.8 万人，再增加到 2010 年的 165.97 万人，实现了连续几年的跳跃式增长[①]。

① 佚名 . 2011. 成都农民喜欢的养老保险政策 . 中国妇女报 . http：//www.china—woman.com/rp/fs/cp/140/222/20110731/3/6.html [2012-10-20]

可见，成都市探索出的这一套农村社会养老保险制度，把对农民养老的保障方式，从自助模式转变为社会共济模式，其中所采取的“双放弃”与“以土地承包经营权换社保”的思路，在我国农村现行的农地制度下，的确有效地实现了土地规模经营和农民养老保障之间的良性互动，不仅为农民养老难题找到了对策，积累了经验，而且为根治“三农”问题找到了出路，可概括为如下五个方面。

（1）建立农村养老保险制度必须坚持因地制宜，否则这项工作就难以起步。研究农村养老保险问题时，常常首先遇到的一个问题是目前是否具备建立这项制度的条件，争论的结果往往是彼此都难以说服对方。从当前的实际出发，现实的出路恐怕只能先在有条件的地区做起，然后总结经验，逐步推广。当前最迫切、也最有条件的是建立被征地农民社会保险制度，应着力推进。在此基础上，在大中城市郊区及其他具备条件的农村地区探索建立农民养老保险制度。即使在有条件的地区，也不宜搞一刀切，无论是制度模式，还是人员范围、筹资标准和待遇水平，都要因地制宜。

（2）建立农村养老保险制度必须坚持低水平起步，否则就难以实现广覆盖。合理确定筹资水平和待遇标准，是建立农村养老保险制度的关键环节。从现阶段我国的基本国情特别是广大农村地区的经济发展水平出发，农村养老保险筹资和待遇水平只能从低水平、保基本起步。只有低水平、低门槛，农民才承受得起，才能参保缴费，才能逐步扩大覆盖面。如果保障水平定得不切合实际，农民和财政都负担不起，也就无法实现广覆盖。

（3）建立农村养老保险制度必须加大财政的投入，否则就难以调动农民的积极性。实践证明，现行“个人缴纳为主，集体补助为辅，国家给予政策扶持”的制度设计是难以全面推开的。内地大部分地区农村集体经济根本没有对农民参加养老保险提供补助的能力，只能靠农民自己缴纳，实际上就变成了一种农民个人储蓄型养老方案，而不是真正意义上的社会养老保险，其对农民的吸引力大打折扣。成都的农村社会保险之所以能在较短的时间内推开，关键是制度有吸引力，政府给补贴。仅征地农转非人员社会保险这一项，成都市、区两级财政就要在 10 年内注入资金 45 亿元。

建立农村社会保险制度，财政的适当投入是必要的，但如果制度设计不精细，也有可能造成财政负担过重。在这里，影响财政负担的有三个因素：①个人、集体、财政的分担比例；②一次性缴费年限与预期寿命之间的差距；③未来养老金的调整。以温江为例，按规定，对男满60周岁、女满50周岁以上年龄的人员，个人和集体缴纳9100元，政府补贴32 217元，缴费次月开始领取养老金280元/月。财政补贴比例高达78%，个人和集体缴费不到22%。如果再考虑到平均预期寿命会大大高于10年，以及提高养老金标准两个因素，未来的财政负担会更重。比如，一名50岁的妇女，假定其预期寿命为75岁，需要支付25年的养老金，而其个人和集体缴纳的9100元按每月280元的标准还不够支付3年的，其余年限及未来提高标准部分均需财政负担。

（4）建立农村养老保险制度必须与统筹城乡就业协调推进，否则这项制度就难以持续。要保证农村养老保险制度的可持续发展，关键是要促进农民就业，使其有稳定的收入来源，否则，就会出现今天参保、明天退保的现象。因此，必须协调推进就业工作，统筹城乡就业，促进农村劳动力向城镇和非农产业转移。在这方面，成都也积累了有益的经验，在统筹城乡社会保障的同时，着力推进城乡一体化的劳动力市场，对失地无业农民实行与城镇下岗失业职工相同的再就业扶持政策：享受免费参加就业技能培训、免费接受职业介绍、享受再就业小额贷款扶持；对从事个体经营的，3年内免交登记类、证照类、管理类的各项行政事业收费；政府安排专项资金用于失地农民再就业的技能培训补贴、职业介绍补贴、社会保险补贴、小额贷款担保贴息等。随着这些政策的落实，将会有力地促进农村劳动力转移。

（5）建立农村养老保险制度必须与城镇职工社会保险制度相衔接，否则就会形成因人设制、制度重叠对立的情形。成都市在解决农民社会保障问题时，比较好地解决了农民社会保障政策框架与城镇职工社会保险政策的衔接问题，使农民参保后享受与城镇职工完全一样的养老待遇，打破了身份区别，受到广大失地农民的欢迎，这无疑是具有战略眼光的。如果农村社会保障制度设计不考虑与城镇职工社会保障制度的衔接，不可转移，无法向城镇职工社会保障制度过渡和接续，那就不能适应农村劳动力向城镇转移的城乡一体化进程。

六、统筹城乡教育改革

统筹城乡教育综合改革是近几年在我国兴起的一项综合性的教育改革，是一项惠及广大农村居民的民生工程，它的兴起与我国城乡经济社会发展思路的转变有着密切的关系。长期以来，由于受“城市主导”的城乡发展思路的影响，我国形成了城乡二元化的社会格局，城乡之间的差距拉大，农村处于弱势的边缘地位。进入21世纪以后，随着我国城市经济的迅猛发展和综合国力的提高，农村问题、包括农村教育问题被引起更多关注。

为了提升城乡教育均衡度、公平度和老百姓的满意度，2009年4月5日，教育部、四川省政府与成都市政府共同签署了《中华人民共和国教育部、四川省人民政府、成都市人民政府共建统筹城乡教育综合改革试验区合作协议》。这是教育部首次与副省级城市共建教育综合改革试验区。该协议的理念和核心内容是通过推进成都城乡教育一体化的建设，促进“全域成都”教育优质均衡发展。两年来，成都市坚持以政府投入为主体、以资源合理配置为核心、以缩小城乡教育差距为目的，运用统筹城乡的思路和办法，逐步探索建立市域统筹教育均衡发展机制，构建和完善优质教育资源“全域成都”满覆盖体系。成都统筹城乡教育发展的基本措施可以概括为“信息化、标准化、均衡化”。

（1）信息技术让城乡优质教育资源共建共享。2004年，根据成都市教育局《关于实施“五大工程”推进城乡教育一体化的意见》，实施农村中小学现代远程教育工程。成都从2001年起，市级财政每年安排1000万元专项经费，各区（市）县及学校也通过各种渠道筹措建设资金，大力实施农村中小学现代远程教育工程，全面普及中小学信息技术教育，实现“校校通”工程，使城乡学生共享优质教育资源。

2009年，成都市教育局又出台《关于义务教育阶段学校教育技术装备及设施设备建设满覆盖工作实施的意见》和《关于印发成都市教育信息化发展规划（2009～2011年）（试行）》等文件，提出以成都教育城域专网建设、教育教学资源建设为重点，以教育信息技术应用为核心，以加快农村学校信息化环境建设为突破口，以提高师生综合运用信息技术能力为目标，通过“三建”达到“三个满覆盖”，即教育信息网络满覆盖、教育教学资源满覆盖、教育信息技术应用满覆盖。

（2）标准化建设消除城乡教育设施差距。一是实施农村中小学标准化建设工程。2004年6月，成都市市委、市政府决定在14个郊区（市）县正式启动农村中小学标准化建设工程。成都农村中小学标准化建设工程由市政府全额投资10亿元，各区（市）县政府配套投资4.5亿元。按照20年不落后、50年能使用的要求，采取统一规划、统一设计、统一投资、统一标准、统一风格、统一建设的方式进行标准化建设。从2004年起，成都市正式启动总投资达10亿元的统一建设工程，新建和改建农村学校共410所，并对农村初中学校进行统一配置，覆盖了全市214个乡镇，占全市乡镇总数的96%，覆盖义务教育阶段学生60万人。二是推进全市农村中心幼儿园标准化建设[①]。2008年，成都市政府办公厅出台《关于推进全市农村中心幼儿园标准化建设的意见》（成办函［2008］257号），同时制定下发了《成都市农村中心幼儿园标准化建设标准》等文件，全面启动农村中心幼儿园标准化建设，并以此为骨干实现全市农村幼教服务网络满覆盖，把城乡均衡教育发展“前移”至学前阶段。农村标准化中心幼儿园实行“五统一”（统一规划、统一标准、统一风格、统一建设和统一管理），建设资金由各区（市）县采取多种形式筹措，市级财政采取“以奖代补”方式对部分区县给予适当经费补助，并构建“政府建设、社会领办、规范管理、限价收费”的运行机制，开创了农村标准化中心幼儿园建设的新模式，极大地推动了农村学前教育的普及。

（3）均衡化布局让城乡教育服务更趋公平。一方面，教育的空间均衡。一是统筹规划城乡中小学布局。汶川地震之后，结合村小学布局调整、农村中小学校舍改造、义务教育阶段薄弱学校改造和初中办学水平提升等工作，按照“幼儿园小学就近、初中进镇、高中进城”的原则，统筹规划、合理调整、科学布局灾后城乡中小学校点。校点布局规划充分考虑初中、九年一贯制学校、中心校、村小配置的比例。小学布局原则上服务半径在3公里以内，尽可能建完小，对偏远山区保留必要的小规模学校或教学点，防止因布局调整造成学生上学不便或辍学。在建设资金投入与建设项目的确定方面，向经济发展相对落后的远郊区（市）县倾斜，确保远郊区（市）县农村中小学优先发展。同时，实施村小学改造工程，改革“村小”管理体制，实施中心校与校区统一管理、同

---

① 钟文．2007．成都均衡教育经验全省推广．成都日报．http：//www.chengdu.gov.cn/news/detail.jsp？id=153231［2007-09-03］

步管理，满足原村小5万名左右学生“上好学”的需求。另外，成都市特别根据“三化联动”和“三个集中”的进度，着眼于组建名校集团，推动名校进工业园区、进灾区、进山区等。二是教育强乡（镇）建设。成都市从2001年开始，启动了教育强乡（镇）的工作。主要包括教育经费投入年均递增15%以上，而新增教育经费也主要向农村倾斜。2009年，全市农村教育经费投入74.4亿元，占教育经费投入总量的57.5%，提高农村义务教育平均经费。与2006年相比，农村教育投入增加45.6亿元，增幅达38.7%。加大对农村教育转移支付的力度。资料显示，2009年，市级财政用于农村教育转移支付资金18.7亿元，占同年市级教育投入的59.52%。2008年，全市提前一年达到国家规定的各级学校生均公用经费基准定额标准；2009年，农村义务教育生均公用经费已达到城市水平[①]。教育强乡（镇）建设虽与成都现代世界田园城市的发展关系十分密切，但实践证明，教育强乡（镇）建设是发展农村教育、推进城乡教育一体化的重要措施。另一方面，教育的类别均衡。成都的突出亮点是实施职教攻坚，特别是农村中职教育攻坚，并取得阶段性成果。2010年，全市投入职教攻坚经费13.5亿元，农村职业学校办学条件和基础能力得到显著改善和提升；2010年，全市区域内中职招生10.65万人，在校生26.11万人，区域内职教与普教比达到5.8∶4.2；职教毕业生就业率为98.96%，对口就业率为79.3%，毕业生双证率达到80%以上；其中有34名优秀选手参加全国职业院校技能大赛，取得全国一等奖3个、二等奖12个、三等奖6个的历史最好成绩，奖牌数量占全省83%[②]。

审视成都市统筹城乡教育改革历程，我们可以发现：成都市充分利用了“后发优势理论”，并将其创造性地运用于区域内城区与乡村的教育现代化范畴，从而使得农村教育有了跨越式发展；而注重城乡教育现代化与整个区域的城乡经济社会发展的协调关系，这让成都市城乡教育统筹有了坚实的支持条件；在城乡教育统筹中率先跳出单一“地域均衡公平”的价值追求，富有前瞻性地从“实质性受教育权利”的角度构建了成都城乡教育均衡制度体系；在城市化的过

① 参见《四川成都市“六个一体化”深入推进全域成都城乡教育均衡发展》.http://news.163.com/10/0722/14/6C70BI37000146BC

② 四川省成都市教育局2010年工作总结：统筹城乡教育均衡发展，加快提升成都教育现代化水平

程中，追求符合农村特点的农村教育发展目标导向，由此让成都市的城乡教育“和而不同”且能和谐发展。

成都市着眼于改革不是让农民失去利益，而是增加其利益，是增量改革，增量改革的着眼点是增加利益总量并不失时机地进行突破。成都市的改革是一套新社会保障制度设计，是增量改革，总体上对农民有利。城乡基本公共服务供给的不平等，长久以来既严重制约了农村的经济社会发展，也使长期在城市工作和生活的农民工难以真正融入城市，成为影响社会公正与和谐稳定的突出问题。成都市从民生需要最为迫切的教育、医疗、就业和社会保障等领域入手，推动了一系列务实的且卓有成效的体制机制变革，这也为增强人口吸纳能力的城市扩容提供了较多可资借鉴的案例。

七、统筹城乡户籍制度改革

成都市的户籍制度改革经历了 5 个重要时点：2003 年取消入户指标限制，以条件准入制代替“入城指标”，2004 年打破沿袭了 50 年的二元户籍登记制度，取消“农业户口”和“非农业户口”性质划分，统一登记为“居民户口”，2010～2012 年成都市实现全域统一户籍，城乡居民可以自由迁徙。2006 年率先实现农民租住城镇统一规划修建的房屋可入户。2008 年实现农民租住城镇私人住房可入户。2010 年，成都市宣布在 2012 年年底前，实现全域城乡统一户籍，主要做法如下。

（1）实行居住登记制度。成都市户籍制度改革文件中提出建立户口在居住地登记、随居民流动自由迁徙的统一户籍管理制度，实现居民户口登记地与实际居住地一致，并且建立以身份证号码为标志，集居住、婚育、就业、社会保险等一系列人口相关基本信息的人口信息管理系统。通过改革，户籍变成为居住登记管理的一种手段，城乡居民可以根据合法固定住所证明进行户口登记，户口登记时不但购房可以落户，而且租房同样可以落户，这样农村居民可以通过在城镇购房或租房的方式落户城镇，同样城镇居民也可以迁徙到农村。户口也随着居民的居住地变动而变动，实现了居住和户口登记一元化管理的目标。

（2）统一了部分城乡公共服务政策。成都市户籍制度改革文件中提出建立城乡统一的就业、失业登记管理制度，统一失业保险待遇标准；并提出统一中职学生资助政策，对就读中等职业学校的该市所有户籍学生统一助学标准。要求各区（市）县对城乡居民符合住房保障条件的家庭，统一纳入城乡住房保障体系，并要求各区县首先统一城乡“三无”人员供养标准，对有条件的区县，建立城乡统一的低保标准；对暂不具备条件的区县，要求在2015年之前实现统一城乡低保标准。在社会保险方面，如前所述，进行了较大改革，努力实现城乡社保统一。

（3）统一了部分城乡管理措施。成都户籍制度改革文件在计划生育、义务兵家庭优待和退役安置、政治权利等方面进行统一管理措施。在计划生育方面，实现独生子女父母奖励政策城乡全覆盖；要求各区县实现统一城乡义务兵家庭优待金政策，并对入伍前没有土地承包经营权和林地使用权的退役士兵享受同等安置政策；同时提出城乡居民在户籍所在地享有平等的政治权利和民主管理权利，平等享有选举权、被选举权和民主管理权利。

（4）成都户籍制度改革的效用。将成都户籍制度改革放在我国户籍制度改革的大背景下进行分析，我们可以发现，成都户籍制度改革破除了户籍管理对城乡居民自由迁移的束缚，建立起户籍、居住一元化管理机制，保证户籍、人口管理统一性；同时，弱化甚至取消了基于户籍性质的居民权利差异，实现了居民权利的平等，使得城乡居民、流动人口都可以享有基本相同的公共服务和社会福利。更重要的是成都户籍制度改革保障了农民的土地使用权益不因居住地的迁徙、职业的改变而受到侵害，否决了“土地换社保”的做法，保障了进城农民的基本权益。

成都在全域范围内实行城乡统一户籍，实现居民自由迁徙，推进城乡统筹发展，加快城乡一体化进程，成为当代我国户籍制度改革的典型样本。而统一城乡户籍、均衡户籍权利也促进了公共资源在城乡间的均衡配置，生产要素在城乡间自由流动，促进了人口在空间上合理的分配和布局。大大改善了农民工融入城市难的现状，提高了城市对农民工落户城市的接受度。成都的实践对我国户籍制度改革有以下几点可借鉴之处。

（1）成都市户籍制度改革是一项促进城乡协调发展的积极探索。成都市户籍制度改革的突破体现在两个方面：一是农民进城落户可以继续保留农村的土地权利。二是全面放开了本地农民进城落户的限制，实质上以居住地登记取代了户籍管理。成都的经验特别在于以缩小户籍权利差距来化解农村人口进城的压力。户籍制度改革的难点并不在于户籍登记制度本身，而在于附加在户籍之上的诸多公共服务、社会保障等配套制度的改革。和户籍相关的教育、医疗、劳动就业、住房、社会保险、社会福利等配套制度的改革，不仅制约户籍制度改革，也往往决定整个城乡统筹改革的成败。户籍制度改革，实质性的是城乡户籍权利、利益的平等，仅仅统一居民户口，不进行相应的配套制度改革也就失去了改革意义。当然，各地应根据自身的经济社会发展条件，即城市容量和城乡现实差别，有序和渐近地推进这项改革。

（2）户籍制度改革不会带来农民大规模进城落户。放开户籍制度会不会引起大量农民涌入城市，从而造成城市政府公共服务的巨大压力，一直以来这是城市政府对深化户籍制度改革的主要顾虑。成都市的经验显示，农民做出离开农村落户城市的决定必然是理性的，他们不仅需要考虑在城市的就业和生活等多方面的实际问题，还需要对城市生活的成本和原来的状态进行仔细对比，才会做出自己的抉择。例如，2003～2009 年，成都市温江区开展了一项农民以放弃农村宅基地和承包地换取城镇户籍、住房和公共服务的一项改革探索，在这项改革中，第一批自愿报名参加的农户多达 4300 户，但经过反复比较，很多农户还是选择了退出，到最终实施时，参与的农户仅有 257 户。另据成都市的调查，不愿放弃农村资产移居城镇的农民工和农村居民分别占总数的 65.99％和 64.15％①。城市生活成本也是影响农民工做出落户城镇选择的重要因素。在城市、特别是中心城市较高的消费、居住成本将直接降低农民工落户的意愿。因此，放开户籍制度限制，并不会引发大量农民涌入城镇的现象。即使农民愿意进城，他们也会选择生活成本较低的城镇，据成都市调查，在愿意移居城镇的农民和农民工中，58.02％的选择愿意移居到小城镇。

（3）逐步缩小城乡公共服务差距、逐步实现普惠型的社会福利制度是户籍制度改革的前提。成都市作为国家综合配套改革的实验区，在推进城乡一体化方面进行了一系列重要的探索。一方面，“三农”投入资金逐年递加，随着对

① 参见中国城市化和小城镇发展网．http：//www.town.gov.cn/a/yuqing/2011/0110/758.html［2011-01-10］

“三农”投入的增加，城乡之间基本公共服务差距在逐渐拉平；另一方面，成都市注重完善城乡基本公共服务供给体制，促进城乡公共服务设施一体化建设，建立村级公共服务管理的财政保障机制。这些都为户籍制度改革奠定了基础。在渐进缩小本地城乡户籍的权利、利益差距的同时，将对本地户籍人口的公共服务、社会保障等方面的待遇推而广之到在本地生产、生活的非本地人口身上，从而彻底推进普惠型的社会福利，这可能是我国社会建设和社会管理改革最长远和最根本的任务。

（4）推进户籍制度改革需要积极稳妥。自 2009 年中央经济工作会议提出深化户籍制度改革以来，如何从实际层面推进户籍改革已经成为各省级政府面临的一项重要任务。当前，我国外出农民工总量已达 1.45 亿人，如何更好地帮助这些外来人口融入城镇，事关整个国民经济基本面的改善；“民工荒”的出现也迫使城市政府重新审视农民工问题，因此，当前推行户籍制度改革符合经济社会形势发展的需要，要适应发展需要，积极推进。推进户籍制度改革，在大城市和特大城市的难度相对要更大一些，在成都市这样一个特大城市推行户籍制度改革对全国具有重要的借鉴意义。

（5）土地制度改革与户籍制度改革良性互动需要进一步探索。在农民转户进入城市后，其原来作为村集体经济组织成员使用的宅基地、承包地等的处理，一直是影响农民进城的重要因素。一些地方政府推行“土地换社保”做法的最终目的是希望从农民手中获取城市发展短缺的土地资源，并非扎实推进城乡统筹或户籍制度改革。成都市在推行农村土地使用制度改革的基础上，允许农民带产权进城，保障农民土地使用及收益权不会因进城而改变。如果进城农民既可拥有城市居民的各项权利，同时又不放弃原集体经济组织成员的权利，这也会产生另外一种不公平。如果进城农民的土地完全由农民自愿处理，那些在城市获得稳定就业收入的农民更倾向于保留土地，获取租金或空留在那里；而那些在城市勉强谋生的农民却倾向于将土地变现，以增加在城市生存的机会，而恰恰这部分人有可能很难在城市长久立足。这进一步又会导致不关心农村的“城居地主”或“城市贫民”的出现，进而带来难以解决的遗留问题。

第三节 城市吸纳农民工容量的广东探索：积分入户制改革

改革开放以来，在外向型战略主导下，广东综合经济实力获得飞速发展，城市经济子系统为吸纳规模庞大的外来劳动力提供了强大动力，以农民工为主体的外来人口不断累积但却无法被长期工作与生活的城市接纳，社会子系统成为外来农民工完整地融入城市最主要的障碍。城乡劳动力市场从以往的“民工潮”不断向结构性“招工难”、继而向大面积“普工不足”的就业形势转换，区域人口再配置的“人口红利效应”让广东开始从过去单纯的“数量性经济吸纳”逐渐演化为“数量性经济吸纳和质量型社会接纳”并举，而实施以积分入户制为代表的一系列配套改革，则是在特殊背景下增强广东城市社会子系统吸纳外来人口能力，促进城市经济社会可持续发展的重要途径。

一、广东积分入户制改革的宏观背景

当前，我国的户籍制度是以《中华人民共和国户口登记条例》为核心，以接受教育、转业安置、通婚子女落户等方面的具体规定为衍生的。由于户籍制度被错误地当成提供社会服务及公共产品的依据，据其制定的消费品供应、劳动就业、社会保障与教育等一系列制度在我国构成了一个利益向城市人口倾斜、组织严密的体系（卢璐，2010）。

20世纪80年代初中期以来，广东的户籍改革先后经历了“农民自理口粮到集镇落户”“城镇人口比例调控权下放”“出生小孩可以随父入户”“深圳与佛山取消原有农业户口”“积分入户制度”五个阶段。由于广东因最早实行“改革开放”而在全国率先吸纳大量的外来人员，而农民工在其中又占大部分比例。一方面，随着市场经济体制的不断发展和完善，农民工要求享有城市居民同等的权利和福利；另一方面，城市综合承受能力也在不断增强，现行的人口迁移政策及户籍管理制度已不能完全适应经济社会的发展和城市化的要求，因此，出台相关户籍改革制度，打破城乡二元社会结构，使农民工能尽快地融入城市是在宏观背景下符合广东经济社会发展要求，也是推进城镇化、工业化进程亟待解决的社会基本矛盾。

广东在全国先行先试，首先提出了“积分入户制度”。这是对新中国成立以来一直延续下来的二元结构的一次重大突破，也是全国户籍制度改革中的创新之举，广东省积分入户制度对整个广东的社会经济和人民群众的生活正在产生巨大的影响。随着制度的实行及政策的不断推进，在城市居住若干年的部分外来务工人员及随迁人员，也可以有机会落户当地，户籍这道难题正在开始得到破解。广东省的户籍制度经过 20 多年的探索与实践，已经逐渐开始走出一条适合广东自身经济社会发展的户籍改革之路，对全国，尤其是东部经济发达、人口净流入的省、市有借鉴意义。

1. 广东经济结构分析

广东在我国经济发展进程中长期处于重要地位，全省自从在全国率先实行改革开放以来，经济社会高速、持续发展，经过改革开放 30 余年的发展进步，广东已经由当初以农业为主、经济社会较为落后的国防前哨发展成为经济发达、人民生活总体上达到小康水平的经济大省，成为中国内地经济最发达、最具市场活力和投资吸引力的地区之一。2005 年，全省 GDP 约占全国 GDP 的 1/9，居全国各省（自治区、直辖市）之首。

自 2000 年以来，广东的 GDP 及人均 GDP 呈直线上升态势，综合经济实力连续多年居全国前列。广东不仅是经济大省，也是全国农民工聚集的地区。据第六次全国人口普查统计，2010 年广东农民工总量为 2635.89 万人，分别占全国农民工总量和广东常住人口的 10.9%和 25.3%，比 2000 年末增加 57.5%。10 年间，广东农民工增幅提高了约 36.8%，其中，外省籍农民工有 1710.03 万人，占农民工总数的比例，从 2000 年的 67.2%到 2010 年的 64.9%（夏凌燕，2011）。虽然比例稳中有降，但仍占到半数以上的比重（图 8-1）。

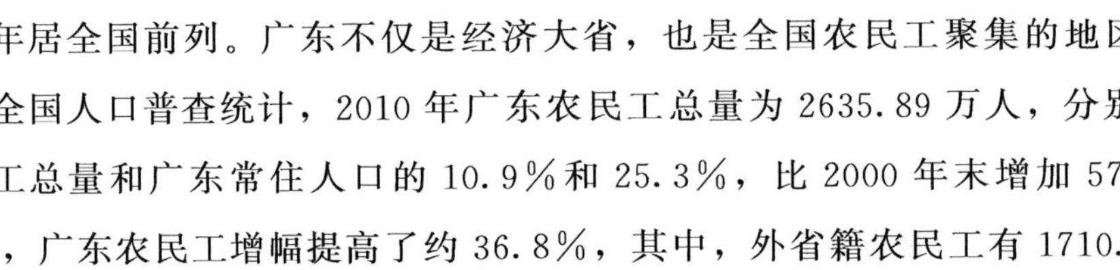

图 8-1 广州 GDP 与人均 GDP 趋势图

资料来源：2011 年《广东统计年鉴》

改革开放以来，广东三次产业都得到了较快发展，工业发展步伐尤其迅速，广东九大支柱产业增长迅猛，对工业的支撑作用明显增强；以服务业为主要特征的第三产业对经济增长贡献率稳步提高；同时，外向型经济已经取得举世瞩目的成就，进出口贸易连续18年居全国首位，累计吸收外资占全国1/4，是中国经济发展最快、对外经济贸易最发达、最具市场活力和投资吸引力的地区之一。从图8-2中我们可以看到，广东2000～2010年，第二产业和第三产业的总产值都有显著的增加。2011年广东统计数据显示，全省生产总值（初步核算）构成中，第一、第二、第三产业所占百分比分别为5.0％、49.8％、45.2％，虽然为第二、第三、第一的产业结构，但第二、第三产业产值差别很小。

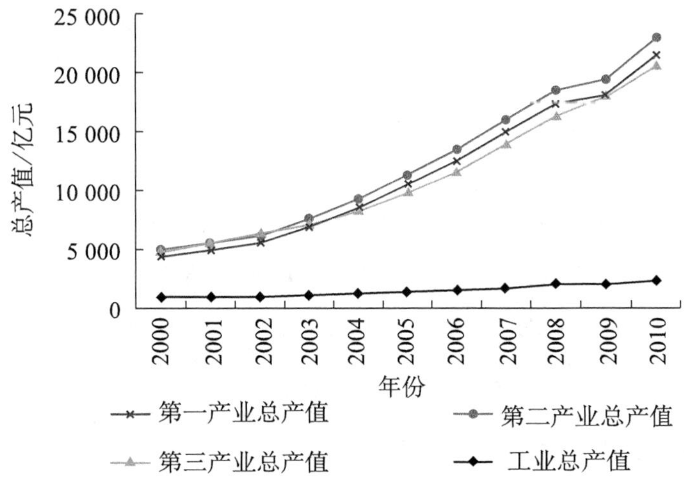

图8-2　广东三次产业总产值变化趋势图

资料来源：根据2011年《广东统计年鉴》整理

然而，虽然广东是工业大省，但过去30多年来，大量企业从事劳动密集型产业，走的是高新技术产业低端化、传统产业低技术化的“双低”发展道路，核心技术与销售渠道等主要由境外企业控制，其发展特征是“三高一低”，即高能耗、高污染、高资源耗费，低附加值。在全国加快发展，同时又在转变经济发展方式的大背景下，广东的产业调整升级压力格外突出。产业的优化升级需要更多的高端人才，同时也对外来务工人员的知识技术水平产生要求。广东实行积分入户制度，在现阶段试验性地先准许一部分满足条件的外来人员真正融入广东，并不断地改进和完善制度，使户籍制度与城市化进程相适应、与产业结构调整相适应、与广东的经济社会发展相适应。

2. 广东人口及就业结构分析

广东国民经济继续保持稳定、快速增长，不但带动了社会事业的全面进步，同时也促进了三次产业结构的优化和人口就业结构的调整。然而，随着经济改革力度增大和农村劳动力转移速度的加快，广东本省籍人口面临日益严峻的就业形势，近年来，广东不断调整就业结构，积极扩大就业容量，不断完善就业服务体系，就业压力有所缓解。随着广东产业结构由传统产业向现代化产业转变，劳动力就业结构也从第一、第二产业为主向第三产业为主转移。

从表 8-9 中可以看到，广东的常住人口为 1.04 亿人，而流动人口则占 30%以上，是“中国吸纳流动人口第一大省”。广东年末户籍总人口数由 1990 年的 6246.32 万人增加到 2010 年的 8521.55 万人，增长了约 2275.23 万人；而全省的年末常住人口数由 1990 年的 6347.19 万人增长到 2010 年的 10 440.94 万人，共增加 4093.75 万人；年末常住人口与户籍人口的差额从 1990 年的 100.87 万人，飞速增加到 2010 年的 1919.39 万人。由以上数据可见，广东 10 年间户籍人口数增长速度远低于常住人口数，而在两者的差额当中，绝大部分人口应为外来务工人员或农民工。

表 8-9　广东省人口结构特征表　　（单位：万人）

年份	年末常住人口	年末户籍总人口	农业人口	非农业人口	年末常住人口与户籍人口差额
1990	6 347.19	6 246.32	4 769.01	1 477.31	100.87
1995	7 387.49	6 788.74	4 753.37	2 035.37	598.75
2000	8 650.03	7 498.54	5 160.26	2 338.29	1 151.49
2005	9 194	7 899.64	3 792.32	4 082.06	1 294.36
2010	10 440.94	8 521.55	4 054.37	4 443.96	1 919.39

资料来源：根据 2011 年《广东统计年鉴》整理

从表 8-10 中可以看到，三次产业的产值构成是第二、第三、第一的形式，而与之相对应，三次产业的就业情况也是以第二产业为主要吸纳就业的产业，第三产业次之，第一产业吸纳的就业比例最低。人口就业结构的变化与广东经济发展的轨迹相一致。随着广东加速工业化进程与强大的资金投入，第二产业的产值比重稳步上升，第二产业吸纳就业的能力也随之稳步上升。1995 年第一产业吸纳就业的比例高于第二产业 7.74 个百分点，而 2010 年，第二产业的就业比例反过来高于第一产业 12.77 个百分点。

表 8-10　广东省三次产业的产值构成及就业构成　　（单位：%）

年份	产业结构			就业结构		
	第一产业	第二产业	第三产业	第一产业	第二产业	第三产业
1990	24.7	39.5	35.8	52.97	27.21	19.82
1995	14.6	48.9	36.5	41.5	33.76	24.74
2000	9.2	46.5	44.3	39.95	27.95	32.11
2005	6.2	50.7	43.1	32.05	38.15	29.8
2010	5	50	45	26.63	39.4	33.97

资料来源：广东省统计局网站，http：//www.gdstats.gov.cn/default.htm，2012 年 5 月 12 日

从图 8-3 可以看出，广东的净迁移人口数在 2010 年为 31.43 万人，2006 年这一数值达到最高，为 64.93 万人。净迁移人口在 2000～2006 年处于平稳增加的态势，而 2006～2010 年，处于下降状态。在广州的迁入人口中，大部分是外来务工的农民工，他们文化程度不高，大多从事加工、服务等低端行业，收入相对较低。近年来，外来劳动力从过去单纯追求绝对收入水平，转向更关心自己享有的社会福利及社会地位，但户籍身份成为本地人和外地人的制度壁垒。

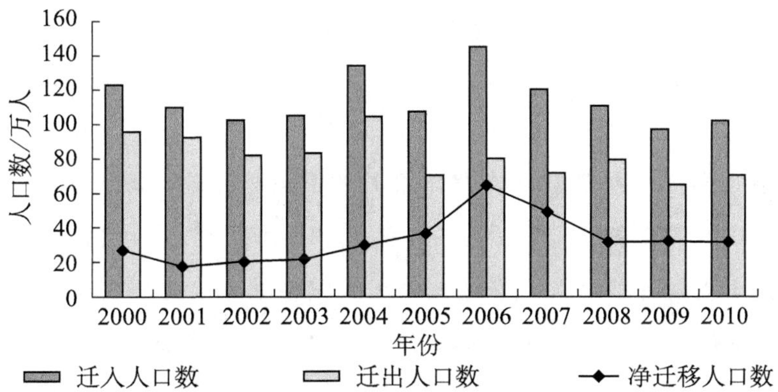

图 8-3　广东人口迁移情况趋势图

资料来源：根据 2011 年《广东统计年鉴》整理

3. 人口红利的区域竞争格局分析

自改革开放以来，珠三角地区兴起了许多劳动密集型产业，通过加工贸易出口拉动经济发展。多年的粗放型发展和非农建设用地的低水平扩张，不仅直接导致了土地和能源等资源的过度消耗、水土流失、环境污染严重、生态

环境恶化等问题。同时，随着广东经济社会的发展，大量的农村剩余劳动力涌入城市，找寻工作机会。这些外来务工人员的知识、技术水平普遍不高，通常投身于服装、家电、玩具等加工贸易产业，薪酬水平要求也不高。因此，形成了过去广东劳动力充足而且廉价的优势和“人口红利”。

一方面，近年来在国内外经济格局大调整的背景下，支撑中国经济高速增长的某些因素正在发生转变。例如，劳动力供求关系的调整导致中国必须直接面对经济发展进程中的“刘易斯拐点”。2011 年上半年，虽然外出务工的农村劳动力已经在历年不断增长的基础上，继续增加到 1.6 亿人，然而，“民工荒”现象继续发展，许多地方甚至形成“招工比招商难”的局面，特别是传统的中部劳务输出大省和大市，已经在劳动力需求方面，与沿海地区构成实质性的竞争①。我国的内陆城市经济逐渐发展起来，内陆地区也需要大量的劳动力；同时，随着国家宏观政策的调整，扶持“三农”的政策给予了农民的生活一些基本保障；另外，广东的劳动力价格相比其他内陆城市偏高，这三个因素共同作用，使广东的外来人员逐渐减少（图 8-3）。

另一方面，国际金融危机及接踵而至的欧美发达国家的主权债务危机，使广东长期依赖低端加工贸易产品出口拉动生产的模式持续面临极大压力。在上述双重背景的挤压下，广东调整产业结构和就业结构已势在必行。如何留住外来农民工中的技能人才成为政策设计服务的重点，因此，农民工“积分入户”的政策也就成了最佳选择。可以说，广东在户籍制度改革上，“积分入户”破解了这个农民工数量特别巨大、进城农民工进城年限、技能及家庭结构存在悬殊差异的省份如何回报农民工的难题。虽然户籍制度改革依然面临巨大的挑战，改革的任务还很艰巨、制度体系仍需完善，但在现阶段，此举毕竟开始了户籍制度改革的漫漫长路。

二、积分入户内涵

积分入户制是指为了筛选符合本地社会经济可持续发展需要的人口及劳动

① 蔡昉．如何进一步转移农村剩余劳动力．http：//www. M4. cn/space/2012-06/1164539. shtml

力资源，由地方政府通过设计一套积分指标体系，对每项指标赋予一定分值，以此对申请入户人员的落户条件进行指标量化，当指标累计积分达到某一规定分值时，就可有机会申请在某一等级城市范围落户。由于户籍门槛实际控制权从中央下放到省市地方政府，所以广东积分入户指标既有省级层面的指导性指标，也有大中城市根据自身情况自定的指标，具体的主要政策如下。

（1）2001 年 11 月 22 日，广东省人民政府办公厅转发省公安厅《关于我省进一步改革户籍管理制度的意见》，该意见主要介绍了广东户籍积分入户政策的条件和范围，降低了投资商和人才等的入户资格，鼓励更多的人参与户籍积分制改革。

（2）2010 年 6 月 7 日，广东省人民政府出台了《关于开展农民工积分制入户城镇工作的指导意见（试行）》（表 8-11），2010～2012 年，全省计划引导和鼓励 180 万名左右的该省户籍农民工及其随迁人员通过积分制入户城镇、融入城镇坎[①]。

（3）2011 年 12 月 1 日，广东省人力资源和社会保障厅发布《关于进一步做好农民工积分制入户和融入城镇工作的意见》。

表 8-11　广东积分制改革的主要政策

序号	政策名称	主要内容
1	2001 年 11 月 22 日，广东人民政府办公厅转发省公安厅《关于我省进一步改革户籍管理制度的意见》	首次提出了广东户籍积分入户政策的条件和要求，实行城乡户口登记管理一体化，规范了积分入户制，鼓励更多的人参与户籍积分制改革
2	2010 年 6 月 7 日，广东省政府出台了《关于开展农民工积分制入户城镇工作的指导意见（试行）》	完善了积分入户制的指标体系，推行农民工城市居民居住证制度，提出农民工转户进城的优惠政策以及与此相配套的制度改革，主要包括教育、住房、保险、计划生育等，还有针对当地农民的土地政策
3	2011 年 12 月 1 日，广东人力资源和社会保障厅发布《关于进一步做好农民工积分制入户和融入城镇工作的意见》	进一步优化农民工转户的范围和指标体系，提出省统一指标和地区特色指标相结合，降低入户门槛，推进农民工教育、住房、社会保险等保障体系建设，鼓励更多的农民工积极转户

① 数据来源于中国新闻网，http：//news. xinhuanet. com/politics/2010-06/08/c _ 12195481. htm

三、广东积分入户制改革的实施效果

从2010年下半年至2011年3月，通过积分入户制度转为广东城镇户口的已达10.8万人，其中51%为外省人，49%为本省农民；其中积分入户人数最多的为佛山，已超万人。但是从转户比例来看，由于门槛仍较高，很多外来务工人员很难顺利转户。从其他各个地方实施情况来看，佛山的转户比例最高；深圳的外来人员较多，指标有限，相对来说转户比例较低；截至2010年3月31日，中山流动人员积分总申请量为24 278人，其中符合入户申请的2659人（其他为入学申请，指标6000名）。总体来说，各地区的转户工作都在有序进展，基本达到每年预计的转户指标，但是由于转户门槛、具体要求等仍较高，加上各地区的特色门槛主要针对该地区的需要而定，很多社会底层的外来务工人员无法通过最后的审批。

四、广东积分入户制改革的政策个案：典型城市的比较

2010年，广东全省常住人口为10 430.31万人。只有广州和深圳两个特大城市常住人口超过1000万人。广州常住人口1270.08万人，占广东总人口比例为12.17%；深圳常住人口1035.79万人，占比为9.93%；中山常住人口312.08万人，占比为2.99%。广州的地方生产总值占比最大，为23.64%；其次是深圳，占比为20.92%；最小的是中山，只有4.02%。另外深圳户籍人口占常住人口的比例最低，只有24.24%；其次是中山，为46.93%，外地人超过本地户籍人口。而广州的户籍人口仍然是主体，占63.47%。由上述数据可以看出，广州和深圳是广东的两个人口、经济特大城市，这两个城市在广东具有重大意义。尤其是深圳，外地人口已经超过3/4，迫切需要进行户籍改革，以改善人口结构。而中山是第一个进行积分制户籍改革的城市，在实践过程中取得了很多其他城市可以借鉴的经验，特此把中山纳入考察范围。

从个人素质指标看，该指标在整个指标体系中占有较大比重，充分体现了向高学历、高技能人才倾斜的政策导向（表8-12）。中山通过指标设置对高学历人才和高技能人才的政策倾斜力度最大，最高可达到190分，而且可以累计；其次是深圳，最高120分，也可累计；力度较弱的是广州，最高分为100分，不

能累计。换个角度讲，广州将“文化程度”及“技能水平”合并，说明其更注重人才的复合性、应用性和综合素质。从这个角度，广州的设置更为合理，因为高学历的人才的职称一般也较高，可避免重复加分。

表 8-12 广东典型城市积分入户制政策的积分指标及分值比较

指标		广东	广州	深圳	中山
省统一指标	个人素质（学历水平、技能水平）	学历 5～80 分，技能水平 10～60 分，可累计	5～100 分不累计	学历最高加 60 分	学历 15～100 分，技能 10～90 分，可累计
	参保情况	一险一年积 1 分，最高 50 分	无差异	本地养老保险，最多 30 分；其他保险，最多 10 分；每年积 1 分	每年加 2 分，最高 20 分
	社会服务	单项最高分 10 分，总分最高 30 分	无差异	单项最高分 6 分，总体最高分 10 分	最高 35 分
	表彰奖励	县处级 30 分，最高不超过 60 分，地厅级 60 分，最高不超过 120 分	无差异	省市级 60 分，不累计。其他表彰，一次 5 分，最多 10 分	市（厅）级加 10 分，省（部）级加 20 分，国家级加 30 分
	减分	不符合政策生育，扣 50 分；违法犯罪的扣 50～100 分	违法违纪一票否决	增加了个人信用不良记录指标，每条扣 20 分	违反计划生育政策的扣 50～100 分；违法犯罪的扣 50～100 分
各市自定指标	居住情况		在广州市有产权住房 20 分	购产权房每满 1 年 2 分，最高 20 分。持居住证 1 年 1 分，最高 10 分（二选一）	在中山市拥有自购房或自建房且居住者 10 分；暂住证 1 年 2 分，最高 20 分
	发明创造			一项国家专利 5 分，最多 30 分	近 5 年内获得国家专利每项加 30 分，可累计
	投资纳税		投资 500 万元以上加 20 分。连续 3 年缴税累计在 10 万元及以上加 20 分		每满 10 万元加 1 分。个人年纳税：每满 1 万元加 1 分
	导向		紧缺专业、重点发展行业、政策导向区域各加 10 分		急需人才加 50 分

从参保情况指标看，该指标体现了各地区对那些在城市工作时间久、主动参加保险、便于管理的人群优先落户的倾向（表 8-12）。在分数最高值上，广州最多可积 50 分，深圳最多积 30 分，中山最多积 20 分；在积分速度上，广州和深圳是每年 1 分，而中山每年 2 分，是前两者的两倍。鉴于外来人口居住和工作年限的限制，此指标以中山最为合理，能使外来务工群体相同时间内积双倍的分，更合理。

从社会服务指标看，该指标在整个指标体系中所占比重较低，而且分值较低，无法充分发挥对参与社会公益活动的引导作用（表 8-12）。广州最高可积 30 分，献 1000 毫升血，做 250 小时义工和捐 5000 元；深圳最多可积 10 分；而在中山，最多可积 35 分，献 1000 毫升血积 5 分，做 250 小时义工积 10 分，捐 50 000元积 10 分和捐 5 次骨髓积 10 分。中山最高分比广州最高分多 5 分，但要多捐 45 000 元钱和捐 5 次骨髓，故条件太苛刻，深圳最高分太低。因而从合理性的角度思考，此指标以广州设置最为合理。

从表彰奖励指标看，该指标在整个指标体系中占有较高比重，充分体现了向立功、受表彰、为社会做出极大贡献人群倾斜的政策导向（表 8-12）。中山对做出极大贡献人群的政策倾斜力度最大，没有最高分限制；其次是广州，最高 180 分；力度较弱的是深圳，最高分为 60 分。在表彰结构上，中山设置了“见义勇为”指标，对鼓励市民有一定积极作用。

从申办条件看，体现了各地对遵纪守法的严格要求（表 8-12）。广州要求未违反计划生育政策证明、无犯罪记录证明，凡有犯罪记录、违反计划生育政策，或者未办居住证、未参加社保、未签订一年期及以上劳动合同的人员均不得申请入户资格；深圳积分入户需符合三个基本条件：拥有深圳居住证、纳入深圳就业登记且缴纳社会保险；中山未对有犯罪记录和违反计划生育政策的外来务工人员进行一票否决，只是相应予以减分，相对广州和深圳而言，更加人性化一些。

从居住情况指标看，各地倾向于优先落户那些购买住房和居住年限长的人群（表 8-12）。广州对是否拥有产权住房关注程度最大，无房不加分；深圳除考虑拥有合法产权住房外，对持有深圳居住证也予以加分，不对暂住证予以考虑；中山对持有暂住证予以每年加 2 分，最高 20 分。从外来务工人群实际情况考虑，中山的政策更加人性化，降低了外来务工群体，尤其是低学历水平、低技能水平的农民工的申请门槛。同时提高居住年限指标所占的分数，政策上表现出对在中山工作时间久的外来务工者的适当照顾。

从发明创造指标看，各地对创新性人才重视程度不一（表 8-12）。中山对创新性人才倾斜力度最大，近 5 年内获得国家专利每项加 30 分，而且可累计，并且创新性人才在中山的积分入户中占有优势；深圳对一项国家专利加 5 分，最多 30 分；广州对此无加分。

从投资纳税指标看，广州和中山更加欢迎能带来大量投资和税收的经济实力强的外来人员入户（表 8-12），并且在积分上予以很大倾斜，这对吸引资金有一定的积极作用。但问题是，这产生了一种对低收入群体实际上的歧视，使低收入群体在积分竞争中处于弱势。

从导向指标看，充分体现了城市根据自身发展情况对引进所需人才的重视度（表 8-12）。广州对紧缺专业、重点发展行业、政策导向区域分别加 10 分；中山对急需人才加 50 分。这种通过积分设置引导所需人才入户的方法对加强人力资源建设是有积极意义的。

五、广东积分入户制改革政策评价及建议

自 2010 年广东在全国先行先试实施积分制入户政策以来，以积分形式破解户籍改革难点，引导异地务工人员有序落户、融入城镇取得了很大成绩。广东的积分入户制度也将为全国特别是东部发达省、市户籍改革的探索提供有益的经验，其施行的成果受到社会各界的广泛关注。2012 年，广东继续实施《关于进一步做好农民工积分制入户和融入城镇的意见》，积分入户适用对象范围由“在粤务工的农业户籍劳动力”扩大至所有在广东务工的城乡劳动者，由原来仅用于积分入户扩大至享受城镇公共服务，并鼓励在申请入户地长期稳定就业、技能型异地务工人员入户城镇。积分入户制度的实施，让外来务工人员看到了希望，破除了几十年来形成的户籍坚冰。

然而，积分入户制度自施行以来，也面临着诸多问题与质疑。比如，入户资料办理手续烦琐、审核成本较高；低技能农民工难落户、入户者多为高学历人群、入户名额少等。具体如下：第一，入户办理手续繁杂、审查成本高。

在具体操作过程中，每个分项都要求流动人口提供相应的资料证明。比如，学历、职称的真伪性等。积分入户者普遍反映入户办理手续繁杂，需要花费大量的时间和精力，十分不便捷。第二，积分入户的指标分值设定有待完善。各个城市可以有自己的空间，通过指标分值的设置来筛选吸纳各自所需人才，这种主观性不可避免地带来了对低素质、低技能、低学历的农民工群体歧视。对于某些农民工来说，在一个城市工作20多年还不如拿一个本科学历证加分高，各地的实际做法已经有悖于广东寄希望于农民工通过积分入户的目标。第三，城镇入户不平衡。考虑到平衡发展、人口规划和城区的承受能力，只能将指标分到各个区镇。积分制入户、入学的竞争其实并不平衡。城区积分入户、入学竞争激烈，名额爆满，而镇区相对冷清，大部分镇区指标有空缺。第四，积分入户制度没有充分考虑农村的土地问题。土地问题是制约中国人口城市化、制约农村劳动力转移的瓶颈，土地问题如果处理得不好，将成为社会隐患，影响国家和社会的改革发展进程。在城市化进程中，假如农民不愿交出土地，那他在城市的身份只是过客，身份问题没有得到根本解决，城市不会稳定。如果农民交出土地，不能很好地处理，这个城市化走起来也是不顺利的。第五，积分入户制度对转户农民工随迁家属及子女上学问题考虑不够完善。虽然广东农民工积分制入户城镇工作的指导意见中提出，符合积分入户条件的农民工，可选择在就业地镇（街）或产权房屋所在地镇（街）申请入户，其配偶和未成年子女可以随迁，但子女入学问题仍没有得到全面的解决。对转户后才有配偶、子女的农民工，若配偶及子女都为农村户口，仍不能随迁。

六、进一步扩大广东城市吸纳农民工容量的几点建议

为加快符合条件的农民工尽早完整地融入城市生活，针对积分入户制度在试行中所面临的突出问题，提出进一步完善积分入户制度的几点建议。

（1）区分不同农民工群体的情况，简化办理积分入户的手续，建立统一的办理窗口。政策的制定与实施应更加注重人文关怀，办理手续的繁杂使积分入户者面临诸多问题，浪费大量的时间、精力，建议建立统一的积分入户办理窗口，省去不必要的时间成本与办理成本。

（2）不断完善指标结构，合理确定指标分数。2012 年，广东已经出台积分入户相关政策，不断完善和改进指标结构，逐步解决转户面临的问题。大部分地区在实际执行中，通过对指标结构的变动和指标分数的设置，突出了个人素质指标对分数的决定性作用，其中学历水平、技能水平和专利创新恰恰是大部分农民工所不具备的，在各地的实际入户名额中，农民工只占少数。大部分农民工的优势是工作年限长，为了照顾农民工的权益，各地应完善指标结构，加大工作年限的分值。

（3）加快出台解决土地问题的政策措施。人口城市化进程始终伴随着土地问题的解决，农民工落户城镇，是否放弃宅基地和承包的耕地、林地、草地，应该完全尊重农民本人的意愿，不得强制或变相强制收回。农民进城会涉及原有财产和权益保护问题。比如，原来的承包地、宅基地在集体所有的分配权、林地权等，要保护他们原有作为集体组织成员相应的权利，让他们带着财产进城入户。

（4）针对入户城镇不平衡问题，通过修改积分入户规则加以解决。从分值上，可将分值划分为两个层次，A 级和 B 级：A 级得分成员可以直接申请在城区入户；B 级得分成员必须先申请入户镇区，等达到一定期限和积分总额后，方可申请城区，并且优先考虑。在结构上，提高在申请地当地工作年限的分值比重，引导实现在哪工作，在哪入户的原则。在解决城镇入户不平衡问题的同时，解决镇区发展问题，为镇区带来人才和资金。

（5）对农民工随迁家属及子女入学及教育问题等应考虑更加完善。针对农民工随迁家属转户的相关问题应全面考虑、放松标准，政策的制定与执行应有一定的自主调节空间。对涉及农民工子女教育的一系列问题，应该给予政策上的支持，努力让农民工在为城市发展作贡献的同时，使其家属也能融入城市的建设和发展。

（6）通过完善积分制协调好人口城市化和经济社会发展之间的平衡。每个城市要根据自身情况，通过积分体系的设置和调整，协调好城市化的速度和经济社会发展的速度。积分制管理流动人员，可以解决对流动人员的管理问题及城市化战略问题，但要研究各省市积分制度的协调、平衡，积分如何流动？该政策如何在全国推广等问题。中国的城市化进程，必然是伴随着广大农村的剩余劳动力及其家属向城市转移的过程。而人口城市化的速度，必须要跟城市的经济社会发展速度相协调，滞后、超前都不行。滞后了，城市的经济社会发展会越来越不和谐，农村生产率无法提高，城乡居民无法公平享受发展的红利；超前了，超过当前时段城市容量，城市承担不起，无法提供足够的社会保障和就业机会。

参考文献

安东尼·吉登斯.2003. 社会学. 赵旭东，等译. 北京：北京大学出版社

蔡昉.2000. 中国城市限制外地民工就业的政治经济学分析. 中国人口科学，4：1-10

蔡鹤生，唐朝晖，周爱国.1998. 地质环境容量评价指标初步研究. 水文地质工程地质，3：23-25

蔡锦其.2011-07-31. 土地权益和养老保障良性结合——成都农民喜欢的养老保险政策. 中国妇女报，(A01)

曹纪元，任芳玮.2010. 农民工劳动权益保护制度的法律构建. 法学与实践，4：57-58

曹让宏. 2009. 城乡统筹背景下的农民工住房保障问题研究——以廉租住房制度为视角. 法制与经济，2：121-122

陈百明.1987. 国外土地资源承载能力研究述评. 自然资源译丛，2：23

陈冰，李丽娟，郭怀诚，等.2000. 柴达木盆地水资源承载方案系统分析. 环境科学，21(3)：16-21

陈明忠.2005. 水资源承载能力评价理论与方法研究. 河海大学博士学位论文

陈天祥，饶先艳.2010. "渐进式统一"城乡社会保障一体化模式——以东莞市为例. 华中师范大学学报（人文社会科学版），1：16-24

陈兴鹏，戴芹.2002. 系统动力学在甘肃省河西地区水土资源承载力中的应用. 干旱区地理，25（4）：377-382

陈雁雁.2008. 青年务工农民居住状况与城市融入的实证分析——以南京市为例. 山东省农业管理干部学院学报，23（3）：17-19

成广明.2007. 晋中市榆次区部分农民工健康状况与肺结核防治知识调查. 预防医学论坛，5：425-426

城市化进程中的农民工问题调查组.2007，珠江三角洲农民工调查报告（2006）. 珠江经济，(8)：61-74

初英智.2005. 农民工维权情长路更长——从王斌余案再说农民工维权. 中国劳动保障，11：40-41

重庆市公共租赁房管理局．2011．重庆市公租房申办指南，重庆：西南师范大学出版社：1-69
邓大松，孟颖颖．2008．中国农村剩余劳动力转移的历史变迁：政策回顾和阶段评述．贵州社会科学，7：4-12
丁任重．2005．经济增长：资源、环境和极限问题的理论争论与人类面临的选择．经济学家，4：25
窦宝国，李瑞祥．2009．制度排斥视角下农民工城市融入问题研究．唐山师范学院学报，5：105-107
段成荣．2005．要发展地看待城市人口容量问题．人口研究，29（5）：55-58
段玉恩，万敏．2010．进城务工人员社会保障现状分析——以山东省为例．东岳论丛，3：178-183
樊小钢．2003．论城市农民工的社会保障问题．农业经济问题（月刊），11：14-18
方创琳．2009．中国城市化进程及资源环境保障报告．北京：科学出版社
傅湘纪，昌明．1999．区域水资源承载能力综合评价——主成分分析法的应用．长江流域资源与环境，8（2）：168-173
高向华，邢海燕．2007．嵊州市农民工卫生服务需求与利用现状调查．社会医学杂志，5：24-25
顾晨洁，李海涛．2010．基于资源环境承载力的区域产业适宜规模初探．国土与自然资源研究，2：8-10
郭建新，陈德棉．2006．我国城市天然气输配设备市场前景分析与容量测算．城市燃气，373（3）：23-27
国务院研究室课题组．2006．中国农民工调研报告．北京：中国言实出版社：69-85；282-283
韩佳宏．2008．农民工社会排斥问题研究综述．铜仁学院学报，3：54-57
韩俊丽．2004．城市水资源承载力研究现状及其趋势．资源开发与市场，20（5）：353-371
郝俊英，张煜淦．2009．城市农民工住房问题分析．中国房地产，1：37-74
胡联合，胡鞍钢，徐绍刚．2005．贫富差距对违法犯罪活动影响的实证分析．管理世界，6：34-44
胡世慧．2008．社会排斥下的流动人口管理．商业经济，8：82-83
胡书芝，罗忆源．2001．社会失范：城市农民工的游民化倾向—武汉市农民工游民化问题调查．城市问题，2：56-60
黄小虎．2010．我国城镇住房制度改革思路的演变．红旗文摘，1：32-33
黄卓宁．2007．农民工住房来源及住房水平的实证研究．环江经济，9：59-73

惠泱河，蒋晓辉，黄强，等．2001．水资源承载力评价指标体系研究．水土保持通报，21（1）：30-34

简新华，张建伟．2005．构建农民工的社会保障体系．中国人口．资源与环境，1：113-116

姜晓斌．2008．农民工医疗保险研究．西北农林科技大学硕士学位论文

蒋善，张璐，王卫红，等．2007．重庆市农民工心理健康状况调查．心理科学，1：10-12

金华宝．2006．新农村建设进程中开展农民职业培训的价值解读与路径选择．探索，5：133-137

柯玲，谭梅．2011．成都城乡教育统筹发展的路径选择．教育与教学研究，9：1-3

蓝丁丁，韦素琼，陈志强．2007．城市土地资源承载力初步研究——以福州市为例．沈阳师范大学学报（自然科学版），2：252-256

李斌，王晓京．2006．城市农民工的住房．石家庄学院学报，5：16-21

李辉，刘春艳．2007．东北地区土地资源承载力与农民市民化问题研究．吉林大学社会科学学报，47（2）：119-125

李建华．2006．沈阳市农民工健康状况及卫生服务需求调查．中国公共卫生，22：17-20

李婧．2006．对中国都市农业发展现状的几点建议．科技与经济，23：22-23

李凌翌．2011-02-21．住房保障10年101.3万家庭“安居”圆梦．成都日报，（2）

李强．2001．转型时期的中国社会分层结构．哈尔滨：黑龙江人民出版社：367

李松．2008．乌鲁木齐市暂住人口住房问题研究．新疆农业大学硕士学位论文

李松，綦群高．2007．乌鲁木齐市暂住人口住房状况调查研究．现代经济，5：185-187

李伟东．2006．北京外来工权利保障状况调查．新视野，1：69-71

李晓春，马轶群．2004．我国户籍制度下的劳动力转移．管理世界，11：47-52

李晓青，汪国华．2006．广东流动人口中的违法犯罪团伙研究．政法学刊，5：37-41

李晓燕．2008．新型农村合作医疗制度公平性研究——基于黑龙江省农村新型合作医疗试点县的实证分析．华南农业大学学报，7：9-15

李作臣．2001．论城市人口预测和城市资源与环境容量的关系．广州大学学报（综合版），（5）：81-83

梁燕平．2008．农民工居住问题现状及对策研究——基于桂林市的调查．广西师范大学硕士学位论文

廖秀健，张晓妮，周均．2009．农民工犯罪的社会成因及对策分析．中国集体经济，6：124-125

刘俊俊．2007．农民工犯罪：从社会学立场的成因分析．广西政法管理干部学院学报，1：

51-53
刘玲．2001. 城市里的村民：中国大城市农村外来人口的状况和自我感受．北京：社会科学文献出版社：77-89
刘晓丽，方创琳．2008. 城市群资源环境承载力研究进展及展望．地理科学进展，5：35-42
刘耀彬．2007. 城市化与资源环境相互关系的理论与实证研究．北京：中国财政经济出版社
刘兆军，陈玉庆．2006. 论农民工土地权益的法律保护．法学与实践，4：44-46
刘志远．2010. 农民工社会保障制度的定位及构建．甘肃农业，3：57-58
柳清瑞，黄玉兰．2009. 城市土地资源利用效益的综合评价——以武汉市为例．科学决策，5：15-20
卢璐．2010. 户籍制度改革的模式选择及发展路径．福建农林大学学报（哲学社会科学版），13：37-41
陆林．2007. 融入与排斥的两难：农民工入城的困境分析．西南大学学报（社会科学版），6：97-103
陆强．2003. 安居才能乐业——“农民工”的城镇住房问题探讨．四川建筑，8：2-3
陆晓婷．2009. 农民工犯罪的原因分析及对策研究．法制与社会，6：367-368
马福云．2011. 成都户籍制度改革的探索与启示．行政管理改革，10：69-71
梅多斯．1984. 增长的极限．于树生译．北京：商务印书馆
潘茂理，赵以国．1996. 第三产业：农村剩余劳动力的蓄水池．中国改革，8：41-42
彭钢，胡德春，王和林，等．2008. 试论农民工城市住房问题及对策．消费导刊，12：2331-2357
彭戈．2011-04-04. 成都推出全国首个农村住房保障制度．中国经营报，A13
乔建平，王华昌．1997. 城市规模问题研究．城市发展研究，04：48-49
瞿理铜，肖丽．2008. 湖南省城市辖区土地综合承载力评价．国土资源科技管理，5：33-37
任芳玮，黄进才．2010. 农民工劳动权益法律完善之建议．劳动保障世界，5：16-19
任建萍，郭清，李显文，等．2006. 杭州市农民工医疗保障现况调查．中华医院管理杂志，(11)：775-777
任娜．2009. 两代农民工思想现状的差异性比较．江海纵横．5：50-51
任鹏充，任芃兴．2010. 保障性住房制度的国际比较及经验借鉴．河北金融，4：61-64
沈清基．1998. 城市生态与城市环境．上海：同济大学出版社
沈茹．2006. 城市农民工子女家庭教育问题及对策．中国农业大学学报（社会科学版），3：

96-100

谌新民．1999. 中国劳动力流迁的动因与成本分析．中国人口科学，2：15-20

史清华，卓建伟，郑龙真．2004. 农民外出就业及遭遇的实证分析．中国农村经济，10：56-63

孙国峰．2004. 交易成本与制度成本的关系分析．西南师范大学学报（人文社会科学版），2：68-72

谭禹．2010．二元化住房制度：日本、新加坡、中国香港的实践模式与启示．甘肃社会科学，3：185-187

唐贵忠，钟晓妮，张苑，等．2008. 重庆市农民工医疗保险现况调查．中国公共卫生，7：855-856

唐红军．2006. 论财政政策在农村剩余劳动力转移中发挥的作用．中南财经政法大学研究生学报，(03)：21-23 (77)

唐茂华．2009. 中国不完全城市化问题研究．北京：经济科学出版社，(06)：223-231

陶柏根．2010. 外来务工人员社会保障存在的问题及对策研究．中国特色社会主义研究，1：85-87

天则经济研究所．2012. 成都住房保障的主要经验．关注，2：38-39

田凯．1995. 关于农民工城市适应性的调查与思考．社会科学研究，1：26-31

田萱．2004. 关于构建农民工社会保障体系的思考．人口学刊，4：16-20

王春光．2001. 新生代农村流动人口的社会认同与城乡融合的关系．社会学研究，3：63-76

王桂新，刘旖芸．2006. 上海流动人口犯罪特征及原因分析——透过新闻资料的梳理、分析．人口学刊，3：44-48

王桂新，罗恩立．2007. 上海市外来农民工社会融合现状调查研究．华东理工大学学报（社会科学版），3：97-104

王海堤，汪玉庭，魏建斌．2000. “盲流”犯罪调查——关于厦门市杏林台商投资区外来农民工犯罪典型调查．福建公安高等专科学校学报——社会公共安全研究，3：32-35

王书华，毛汉英．2001. 土地综合承载力指标体系设计及评价——中国东部沿海地区案例研究. 自然资源学报，3：248-254

王玉叶．2002. 民工“自我救济式犯罪”的成因与对策思考．福建公安高等专科学校学报，9：14-95

王智民．2001. 当前中国农民犯罪研究．北京：中国人民公安大学出版社：246

威廉·阿瑟·刘易斯．二元经济论．施炜，等译．北京：北京经济学院出版社

魏斌，张霞．1995. 城市水资源合理利用分析与水资源承载力研究——以本溪市为例. 城市环

境与城市生态，8（4）：19-24

魏朗云．2001. 劳动力流动的特点及其对上海城市劳动力市场的影响//柯兰君，李汉林．都市里的村民．北京：中央编译出版社：51-67

魏万青．2008. 从社会排斥到融入．华中农业大学学报（社会科学版），6：23-28

吴清新．2009. 南京农民工住房保障情况调查．法制与社会，（上）：276-277

吴维平，王汉生．2002. 寄居大都市：京沪两地流动人口住房现状分析．社会学研究，3：96-97

夏国锋，陆继锋．2006. 关于农民工文化生活及其层化现象的典型调查．农业经济，1：61-62

夏凌燕．2011. 广东省农民工问题研究．学术天地，12：66-68

项继权．2005. 农民工子女教育：政策选择与制度保障——关于农民工子女教育问题的调查分析及政策建议．华中师范大学学报（人文社会科学学版），44（3）：2-11

肖文韬，孙细明．2003. 托达罗人口流动行为模型的一个修正及其新解释．财经理论与实践，1：23-27

熊会兵．2005. 我国农村劳动力非农就业问题研究．华中农业大学博士学位论文

徐良芳，孙德华．2005. 区域水资源承载力计算问题探讨．水电能源科学，23（2）：23-24

徐天合．2009. 农民工犯罪问题研究．法制与社会，7：83-84

徐旭川．2008. 中国劳动生产率的就业效应分析．当代财经，10：17-22

徐志林，金林生，何银松．2004. 上海外来流动人口犯罪现状的社会学分析与控制对策．上海公安高等专科学校学报，2：70-75

严晓东．2007. 进城民工住房问题探讨．理论视野，2：147-148

严征，李鲁，叶旭军，等．2005. 进城农民工的健康问题及对策分析．中国农村卫生事业管理，25（7）：9-10

阎星，高洁．2011. 成都统筹城乡试验改革的实践经验．宏观经济管理，2：60-62

杨高峰．2008. 广州城中村农民工犯罪原因之解释．赤峰学院学报（汉文哲学社会科学版），3：118-122

杨红燕．2003. 我国城乡居民健康公平性研究．财经科学，3：69-75

叶建亮．2006. 公共产品歧视性分配政策与城市人口控制．经济研究，11：27-36

尹明灿．2006．“私力救济式”农民工犯罪原因分析及预防．安徽农业大学学报（社会科学版），5：53-56

余春祥．2004. 可持续发展的环境容量和资源承载力分析．中国软科学，2：130-133

俞德鹏，陈智慧，汪海军，等．1999. 城乡二元社会结构与城市外来民工犯罪．浙江社会科

学，2：46-50

袁亚愚．1997. 对近年来歧视进城务工农民现象的思考．社会科学研究，6：49-55

张宝义．2005. 析“城市农民工”犯罪的空间形态及侵入方式．中国人民公安大学学报，1：49-54

张保成，国锋．2006. 自然资源承载力问题研究综述．经济经纬，6：22-25

张敦福．2000. 城市农民工的边缘地位．青年研究，9：19-22

张恒军，蔡蔚，郭梅．2007. 城市水环境容量分布与产业布局协调发展研究——以广东中山市为例．广州环境科学，22（2）：4-8

张杰飞．2008. 托达罗模型的修正与“民工荒”现象分析．企业经济，7：122-124

张京祥，赵伟．2007. 二元规制环境中城中村发展及其意义的分析．规划研究，1：63-67

张立群．2008. 保障性住房的成都探索．瞭望．2：1-3

张雪筠．2007. 浅析农民工与城市社会的隔离．社会工作，9：63-64

张应祥．2001. 资源获得与城市流动人口的生存状况//柯兰君，李汉林．都市里的村民．北京：中央编译出版社：82-92

张勇濂．2008. 农民工犯罪的社会原因分析及其治理．中州学刊，6：129-131

张玉香．2008. 从构建和谐社会看我国农民工问题．中国党政干部论坛，4：20-22

章礼明．2001. 广州市流动人口犯罪问题研究．广州大学学报（综合版），1：63-69

赵树凯．2001. 从流动农民工犯罪看城市公共管理创新．东方文化，5：35-39

赵旭．2009. 谈城市规划中的环境容量问题．民营科技，2：180

郑月琴．2005. 农民工文化需求定位及其实现路径．农村经济，3：108-111

中央教育科学研究所教育发展研究部课题组．2007. 中国进城务工就业农民子女义务教育研究．华中师范大学学报（人文社会科学版），(2)：129－134

钟笑寒．2006. 劳动力流动与工资差异．中国社会科学，1：34-46

周路．2004. 当代实证犯罪学新编——犯罪规律研究．北京：人民法院出版社：175-176

周天勇，胡锋．2007. 托达罗人口流动模型的反思和改进．中国人口科学，(1)：18-26

周天勇．2001. 托达罗模型的缺陷及其相反的政策含义．经济研究，3：75-82

周微，黄强．2011-04-04. 成都率先全国建农村住房保障体系．中国联合商报，F02

周雪飞．2012. 住房保障均等化的现实性探究——由成都城乡住房保障均等化引发的启示．行政事业资产与财务，2：41-43

朱金楠．2009. 城市外来务工人员住房状况的实证研究——基于南京市六城区的调查．劳动保障，7：81-83

朱力 . 2001. 群体性偏见与歧视——农民工与市民的磨擦性互动 . 江海学刊，6：48-53

朱力 . 2002. 论农民工阶层的城市适应 . 江海学刊，6：82-88

朱力 . 2005. 从流动人口的精神文化生活看城市适应 . 河海大学学报（哲学社会科学版），9：30-35

朱志峰，李万山，单勇 . 2008. 中国犯罪学学会第十七届学术研讨会综述 . 社会科学战线，10：281-282

宗成峰 . 2008. 城市农民工社会保障问题的实证分析——以对北京市部分城区农民工的调查为例 . 城市问题，3：65-68

Allan W A. 1949. Studies in African Land Usage in Northern Rhodesia，Rhodes Living Stone Papers and No. 15. Cape Town：Oxford University Press

Burgess E W . 1935. The Grouth of the City in R. E. Park

Rossi P H. 1980. Why Families Move. London ECIY BOE England SAGE Publications Ltd

Malcolm Slesser. 1992. ECCO use's Manual. Resource Use institute Edinburgh

Millington R，Gifford R，et al . 1973 . Energy and how we live，Australian UNESCO seminar，Committee for man and Biosphere

Sleeser M. 1990. Enhancement of Carrying Capacity Options ECCO. London：The Resource Use Institute